CLASSIQUES LAROUSSE

Collection fondée en 1933 par FÉLIX GUIRAND
continuée par
49 à 1968) et JEAN-POL CAPUT (1969 à 1972)
Agrégés des Lettres

MONTESQUIEU

DE L'ESPRIT
DES LOIS

extraits

I

avec une Notice biographique, une Notice historique et littéraire,
des Notes explicatives, une Documentation thématique,
des Jugements, un Questionnaire et des Sujets de devoirs,

par
MICHEL CLÉMENT
Agrégé des Lettres

LIBRAIRIE LAROUSSE

17, rue du Montparnasse, 75298 PARIS

RÉSUMÉ CHRONOLOGIQUE
DE LA VIE DE MONTESQUIEU
1689-1755

1689 — **Naissance au château de La Brède,** près de Bordeaux, de Charles Louis de Secondat (18 janvier). Il est issu d'une famille de **noblesse** rurale assez récente, **parlementaire** depuis le XVII⁸ siècle. Son oncle, Jean-Baptiste de Secondat de Montesquieu, est président à mortier au parlement de Bordeaux. Son père, Jacques de Secondat, ancien capitaine de chevau-légers, a épousé Marie Françoise de Pesnel (d'origine anglaise), qui a apporté en dot la baronnie et le château de La Brède. L'enfant est tenu sur les fonts baptismaux par un mendiant nommé Charles. « Ma naissance est tellement proportionnée à ma fortune que je serais fâché que l'une ou l'autre fût plus grande. »

1696 — Mort de sa mère. Le jeune Secondat est élevé à la campagne parmi les enfants des métayers, dont il parle le patois.

1700-1705 — Etudes au **collège de Juilly** (près de Paris), où les pères de l'Oratoire dispensent un **enseignement moderne** (emploi du français, explications de textes, sciences, histoire). Il entreprend quelques ouvrages de jeunesse.

1705 — Retour à Bordeaux. Etudes de droit, sans doute sous l'influence familiale.

1708 — Il est licencié en droit et reçu **avocat au parlement de Bordeaux.** Il s'appelle maintenant « seigneur de Montesquieu, baron de La Brède ».

1709-1713 — Séjour à Paris pour parfaire ses connaissances juridiques. Il est introduit dans la société parisienne et commence en particulier un livre de notes : le **Spicilège.**

1713 — Mort de Jacques de Secondat (15 novembre). Charles Louis défend son patrimoine dans différents procès.

1714 — Il est reçu **conseiller au parlement de Bordeaux** (mars).

1715 — Mariage (de raison, sans doute) avec Jeanne de Lartigue (100 000 livres de dot), qui pratique la religion protestante (30 avril). Ils auront trois enfants : Jean-Baptiste (1716), Marie-Catherine (1717) et Denise (1727).

1716 — Il est élu à l'académie de Bordeaux (avril). Il y lit des mémoires : *Dissertation sur la politique des Romains dans la religion, Mémoire sur les dettes de l'État,* etc. **Son oncle meurt, lui léguant sa charge de président à mortier** et le nom de Montesquieu (mai). « Quant à mon métier de président, j'ai le cœur droit, je comprenais assez bien les questions en elles-mêmes, mais pour les procédures je n'y entendais rien. Je m'y suis pourtant bien appliqué. »

1717-1721 — Il rédige différents mémoires : sur l'*Écho,* l'*Usage des glandes rénales, la Transparence des corps,* etc. Il projette une grande *Histoire physique de la terre ancienne et moderne.* Séjours à Paris et à La Brède.

1721 — Publication des **Lettres persanes,** chez Jacques Desbordes à Amsterdam. Gros succès.

1722 — Les *Lettres persanes* sont interdites par le cardinal Dubois.

1722 — Montesquieu **s'installe à Paris,** où il passera désormais quelques mois chaque année. Il fréquente des milieux politiques (salon de Mᵐᵉ de Prie, maîtresse du duc de Bourbon), scientifiques (Maupertuis, Réaumur, Mairan), littéraires (Helvétius, Fontenelle, salons de Mᵐᵉˢ du Deffand,

          ISBN 2-03-870116-4

de Mme Geoffrin, surtout de Mmes de Tencin et de Mme de Lambert, qui le protège activement). Il écrit pour Mlle de Clermont *le Temple de Gnide*. Il fréquente le club de l'Entresol, dont les membres se réunissent chez le président Hénault, sous la présidence de l'abbé Alary : on y écoute des conférences sur la politique, l'histoire, le droit, dans un esprit peu conformiste. Montesquieu y lit *le Dialogue de Sylla et d'Eucrate*. De 1724 à 1726, liaison avec Mme de Grave.

1725 — Montesquieu **vend sa charge.** Publication du *Temple de Gnide.*

1727 — *Voyage à Paphos.* Il est élu à l'*Académie française*, malgré l'opposition du cardinal Fleury.

1728 — Accompagné de Milord Waldegrave, neveu du maréchal de Berwick, Montesquieu **quitte Paris** (5 avril). Dès cette année, il songe à faire pour la vie sociale ce que Newton a fait pour la nature : l'expliquer par une loi unique. En **Allemagne**, il prend contact avec des personnalités politiques, et à Vienne, avec le Prince Eugène; il songe à entrer dans la diplomatie. En Italie, **Venise** (où il rencontre Law et à une liaison avec la princesse Trivulce), **Gênes** et les Républiques le déçoivent; mais il découvre les arts : « J'ai ouvert les yeux sur des arts dont je n'avais aucune idée. »

1729 — Il quitte l'Italie pour la **Suisse**, la **basse Allemagne**, les **pays du Rhin**. La **République hollandaise** le déçoit : il n'y voit que « corruption ». Il s'y lie d'amitié avec lord Chesterfield. Montesquieu et Chesterfield arrivent à **Londres**, « vilaine ville où il y a de très belles choses » (23 octobre). Jugement d'abord réservé, puis plein de sympathie : tout en voyant la corruption du régime Walpole, il admire la liberté politique. Il est choyé par la société anglaise, reçu membre de la Royal Society et admis dans la franc-maçonnerie.

1731 — De retour à La Brède (10 août), où il va donner aux pelouses et aux jardins un style anglais. Il lit plusieurs mémoires (perdus) à l'académie de Bordeaux.

1734 — *Considérations sur les causes de la grandeur des Romains et de leur décadence* (juillet). A Paris, on parle de la « décadence » de Montesquieu. Il se lie avec le père Castel, qui deviendra son collaborateur. Il commence *De l'esprit des lois.*

1734-1747 — Séjours à Paris et à La Brède. Il écrit quelques œuvres légères (*Arsace et Isménie. Céphise et l'amour*), mais travaille intensément à sa grande œuvre. Vers 1747, l'état de sa vue devient alarmant.

1748 — *De l'esprit des lois* paraît à Genève, chez Barillot, sans nom d'auteur. A Paris, la vente est officiellement interdite, mais pratiquement tolérée par le chancelier d'Aguesseau. On s'arrache le livre à Paris et en Europe.

1749 — Attaques des jansénistes et des jésuites. La Sorbonne s'inquiète.

1750 — Montesquieu écrit *Défense de « l'Esprit des lois »*. Malesherbes, directeur de la Librairie, lève l'interdiction.

1751 — *De l'esprit des lois* est **mis à l'index,** surtout par la faute d'apologistes maladroits de l'ouvrage, comme le protestant La Beaumelle.

1751-1754 — Montesquieu est presque complètement aveugle. De toute l'Europe lui viennent des témoignages de sympathie.

1754 — Il écrit l'article « Goût » pour l'*Encyclopédie* et publie *Lysimaque.*

1755 — **Mort de Montesquieu, à Paris,** dans la religion chrétienne (10 février). On ne sait ce qu'est devenue sa dépouille. Il laisse des cahiers manuscrits, dont *Mes pensées*, qui ne seront édités qu'en 1899.

Montesquieu avait un an de plus que Marivaux; cinq ans de plus que Voltaire; dix-huit ans de plus que Buffon; vingt-trois ans de plus que Jean-Jacques Rousseau; vingt-quatre ans de plus que Diderot.

MONTESQUIEU ET SON TEMPS

	la vie et l'œuvre de Montesquieu	le mouvement intellectuel et artistique	les événements historiques
1689	Naissance de Montesquieu au château de La Brède (18 janvier).	Racine : Esther. Fénelon est nommé précepteur du duc de Bourgogne. Locke : Essai sur le gouvernement civil.	Guerre de la ligue d'Augsbourg. Pierre le Grand s'empare du pouvoir.
1709	Début de son séjour à Paris.	Lesage : Turcaret. Shaftesbury : Lettre sur l'enthousiasme.	Bataille de Malplaquet. Dispersion des religieuses de Port-Royal des Champs. Défaite de Charles XII à Poltava.
1714	Est reçu conseiller au parlement de Bordeaux.	Fénelon : Lettre à l'Académie. Houdar de La Motte : traduction de l'Iliade et Discours sur Homère. Marivaux : la Voiture embourbée (roman).	Traité de Rastadt, qui consacre la prépondérance anglaise en Europe.
1715	Mariage de Montesquieu.	Début de la publication du Gil Blas de Lesage. Addison : le Tambour.	Mort de Louis XIV. Avènement de Louis XV et régence du duc d'Orléans.
1716	Devient président à mortier. Est reçu à l'académie de Bordeaux et y lit la Dissertation sur la politique des Romains dans la religion.	Fin de la deuxième querelle des Anciens et des Modernes. Réouverture de la Comédie-Italienne.	Fondation de la banque de Law. Traité franco-anglais de La Haye.
1718	Mémoires scientifiques (l'Écho, l'Usage des glandes rénales, etc.) présentés à l'académie de Bordeaux.	F.-M. Arouet prend le nom de Voltaire et fait jouer Œdipe, sa première tragédie.	La banque de Law devient banque d'État.
1721	Lettres persanes.	Watteau : l'Enseigne de Gersaint.	Enquête sur les opérations de Law. Triple alliance anglo-franco-espagnole.
1725	Le Temple de Gnide, conte galant. Il se démet de sa charge.	Marivaux : l'Île des esclaves. Voltaire : Hérode et Marie, tragédie. Naissance de Greuze.	Tension diplomatique entre la France et l'Espagne. Mort de Pierre le Grand.
1727	Élection à l'Académie française.	Voltaire : Épître à Uranie. Naissance de Turgot et de Gainsborough.	Début de l'affaire des convulsionnaires de Saint-Médard. Rupture anglo-espagnole.

1728	Voyage à travers l'Europe continentale.	Voltaire : la Henriade. J.-J. Rousseau à Turin. Marivaux : la Seconde Surprise de l'amour.	Début du règne de George II en Grande-Bretagne. Découverte du détroit de Béring.
1729	Début du séjour en Angleterre.	Voltaire revient à Paris, après son séjour en Angleterre. J.-J. Rousseau chez Mᵐᵉ de Warens.	Traité de Séville entre la France, l'Angleterre, la Hollande et l'Espagne.
1731	Retour en France.	Voltaire : Histoire de Charles XII. Abbé Prévost : Manon Lescaut. Mort de Daniel Defoe.	Dupleix, gouverneur de Chandernagor.
1734	Considérations sur les causes de la grandeur des Romains et de leur décadence.	Voltaire : les Lettres philosophiques. J.-S. Bach : Oratorio de Noël.	Opérations militaires de la guerre de Succession de Pologne. Victoires françaises à Parme et à Guastalla.
1748	De l'esprit des lois.	Voltaire : Zadig. Diderot et J.-J. Rousseau se lient d'amitié. Richardson : Clarisse Harlowe.	Traité d'Aix-la-Chapelle, qui met fin à la guerre de Succession d'Autriche.
1749	Attaques conjuguées des jésuites et des jansénistes contre l'Esprit des lois.	Diderot : Lettre sur les aveugles. Buffon : Histoire naturelle (t. I, III); sa Théorie de la terre condamnée par la Sorbonne.	Création de l'impôt du vingtième en France.
1750	Défense de « l'Esprit des lois ».	J.-J. Rousseau : Discours sur les sciences et les arts. Départ de Voltaire pour la Prusse.	Dupleix obtient le protectorat du Carnatic.
1751	Mise à l'index de l'Esprit des lois (décret du 29 novembre).	Voltaire : le Siècle de Louis XIV. Premier volume de l'Encyclopédie. Polémique autour du Discours sur les sciences et les arts.	Accord provisoire franco-anglais sur l'Acadie.
1754	Publication de Lysimaque dans le Mercure.	Condillac : Traité des sensations. Voyage de J.-J. Rousseau à Genève. Gabriel commence la construction de la place Louis-XV.	Dupleix quitte l'Inde.
1755	Mort de Montesquieu (10 février).	Voltaire s'installe aux Délices. J.-J. Rousseau : Discours sur l'inégalité. Klopstock : le Messie. Greuze : le Père de famille.	Les Anglo-Américains occupent l'Acadie et déportent les habitants. Rupture diplomatique franco-anglaise.

BIBLIOGRAPHIE SOMMAIRE

I. ÉDITIONS CRITIQUES

L'édition critique fondamentale est celle de M. de Brethe de La Gressaye (Paris, Les Belles Lettres, 4 volumes, 1953-1963).

II. OUVRAGES GÉNÉRAUX EXAMINANT « L'ESPRIT DES LOIS »

C. E. Vaughan	*Studies in the History of Political Philosophy, before and after Rousseau* (Manchester, 1925).
P. Hazard	*la Pensée européenne au XVIIIe siècle. De Montesquieu à Lessing* (Paris, Boivin, 1946).
J.-J. Chevallier	*les Grandes Œuvres politiques*, IIe partie, chap. II (Paris, A. Colin, 1948).
R. Aron	*les Étapes de la pensée sociologique*, Ire partie (Paris, Gallimard, 1967).

III. ÉTUDES CRITIQUES SUR MONTESQUIEU ET « L'ESPRIT DES LOIS »

J. Starobinski	*Montesquieu par lui-même* (Paris, Seuil, 1953).
L. Althusser	*Montesquieu, la politique et l'histoire* (Paris, P. U. F., 1959; nouv. éd., 1981).
J. Ehrard	*Politique de Montesquieu* (Paris, A. Colin, 1965).
S. Goyard-Fabre	*la Philosophie du droit de Montesquieu* (Paris, Klincksieck, 1973).
T. Quoniam	*Introduction à une lecture de « l'Esprit des Lois »* (Paris, Lettres modernes, 1977).
P. Vernière	*Montesquieu et « l'Esprit des Lois » ou la Raison impure* (Paris, C. D. U. et S. E. D. E. S., 1978).
J.-J. Lafontant	*Montesquieu et le problème de l'esclavage dans « l'Esprit des lois »* (Sherbrooke, Naaman, 1980).

DE L'ESPRIT DES LOIS
1748

NOTICE

CE QUI SE PASSAIT EN 1748

■ **EN POLITIQUE.** Derniers épisodes de la guerre de Succession d'Autriche, qui dure depuis 1740 et qui oppose la coalition franco-prussienne à l'Autriche, aidée de l'Angleterre : siège de Maëstricht par les armées françaises; traité d'Aix-la-Chapelle (octobre), peu avantageux pour la France, qui restitue toutes ses conquêtes. Aux Indes, Dupleix continue sa politique d'annexion, tandis que La Bourdonnais, rappelé en France, est mis à la Bastille et accusé de trahison à propos de ses agissements lors de la prise de Madras en 1746. — En Grande-Bretagne, William Pitt, qui n'est encore que « payeur de la marine », voit grandir son influence.

■ **EN LITTÉRATURE.** Voltaire, académicien et historiographe de France depuis 1746, partage son temps entre Paris, le château de Cirey et la cour de Lunéville; il donne sa tragédie Sémiramis. — Diderot, qui travaille à la préparation de l'Encyclopédie, rencontre J.-J. Rousseau et se lie d'amitié avec lui. Le premier volume de l'Histoire naturelle de Buffon est à l'impression. — Lesage et Vauvenargues viennent de mourir (1747). Marivaux ne donne plus rien au théâtre depuis 1740. — La mode est plus que jamais à la littérature anglaise : La Place donne une traduction du Théâtre anglais (1745-1748), qui contient les principales pièces de Shakespeare.

■ **DANS LES ARTS.** En peinture, Boucher, protégé de Mme de Pompadour, est le peintre à la mode; le réalisme de Chardin est également apprécié depuis 1740. Les portraitistes Quentin de La Tour et Nattier ont pour modèles tous les grands personnages du temps.
— En sculpture, Bouchardon, auteur de la fontaine de la rue de Grenelle, entreprend la statue de Louis XV; J.-B. Lemoyne exécute le buste de Voltaire.
— L'architecte Héré termine la place Stanislas à Nancy. — Fondation d'une manufacture de porcelaine au château de Vincennes.

COMPOSITION ET PUBLICATION

On a longtemps admis que Montesquieu avait composé les huit premiers livres de son ouvrage avant les voyages (1729-1731), puis la suite, et en particulier le livre XI, à son retour; ainsi s'expliquerait la contradiction entre l'enthousiasme que les huit premiers livres laissent voir pour les républiques et le ralliement à la monarchie parlementaire dans le livre XI. Mais pourquoi Montesquieu n'aurait-il pas remanié ses huit premiers livres? D'autre part, le témoignage de son fils Jean-Baptiste nous apprend qu'en 1734 il n'était pas encore décidé à entreprendre ce grand projet qu'il méditait depuis longtemps; Montesquieu lui-même, dans sa Préface, dit n'avoir trouvé « ses principes » que vers 1728-29, donc à la veille des voyages.

On peut donc suivre M. de Brethe de La Gressaye quand il propose le « calendrier » suivant[1] : une période de tâtonnements qui commence en 1721, marquée par divers courts ouvrages, et déjà par certaines *Lettres persanes*, traitant de la justice, des lois, de la monarchie et du despotisme, de l'honneur, de la vertu et de la crainte, de la religion, du luxe, etc.; vers 1728-29, la découverte des principes; les voyages et l'enrichissement qu'ils apportent (1728-1731); en 1732-33, le livre XI (peut-être seulement le chapitre 6, celui de la Constitution d'Angleterre); à partir de 1734, la rédaction de *l'Esprit des lois* proprement dit : sans doute les livres de I à IX, de 1734 à 1738; les livres X, XII, XIII se datent, grâce à des allusions à des événements contemporains, de 1738 à 1740; à la fin de 1741, Montesquieu prévoit vingt-quatre livres déjà presque achevés, à la fin de 1746, trente. Il envoie le manuscrit à l'impression en 1747; pendant l'impression, il ajoute les livres XXVIII, XXX et XXXI. En résumé, l'ensemble jusqu'au livre XXIV devait être construit entre 1739 et 1741; l'œuvre jusqu'au livre XXIX a été mise au net entre 1740 et 1743; et Montesquieu a tout revu sur le manuscrit de 1743 à 1746-47[2].

L'ouvrage fut imprimé en Suisse, chez Barrillot, sous la surveillance de Jacob Vernet (qui fit supprimer l'« Invocation aux muses » et la division en six livres), et il parut fin octobre 1748, en deux volumes in-4°, représentant environ 1 100 pages; il est interdit en France par d'Aguesseau, mais rapidement des contrefaçons paraissent. Les éditions se succèdent : Montesquieu en compte vingt-deux dès le début de 1750.

Très vite se font entendre, au milieu des éloges, de vives critiques : le fermier général Dupin exprime son désaccord sur les questions économiques (*Observations sur un livre intitulé « De l'esprit des lois »*, 1752), l'abbé de La Porte reproche au livre son désordre, l'abbé de Bonnaire le dénigre systématiquement. Montesquieu refuse dédaigneusement de répondre à ces attaques; des admirateurs se chargent de ce soin, comme François Risteau, futur directeur de la Compagnie des Indes. Mais des ennemis plus sérieux se montrent : d'abord, les jésuites assez modérés, dans le *Journal de Trévoux* d'avril 1749, puis les jansénistes, plus violents, sous la plume de l'abbé Fon-

---

1. Introduction à *l'Esprit des lois*, édition des Belles-Lettres, Paris, 1953; 2. On connaît ces dates par la critique interne du texte, par les allusions aux événements contemporains, par l'écriture des secrétaires sur les manuscrits (on a recensé dix-neuf écritures, sans compter celle de Montesquieu).

taine de La Roche (*Nouvelles ecclésiastiques*, des 9 et 16 octobre 1749). Reproche commun : l'auteur offense la religion. Montesquieu se décide alors à publier une *Défense de « l'Esprit des lois »*, qui ne satisfait personne. Le débat s'élargit : Montesquieu reçoit des soutiens parfois encombrants, de Voltaire, qui profite de la situation pour défendre la religion naturelle (*Remerciement sincère à un homme charitable*, mai 1750), du protestant Angliviel de La Beaumelle. Phases ultimes de cette escalade : la mise à l'index, que Montesquieu réussit à retarder jusqu'en novembre 1751; la censure de la faculté de théologie de Paris, que les *Explications* de Montesquieu n'ont pas convaincue, et qui condamne dix-sept propositions tirées de *l'Esprit des lois*, le 1ᵉʳ août 1752; il est vrai que cette censure, confirmée en 1754, ne sera jamais officiellement prononcée.

En 1757, deux ans après la mort de Montesquieu, paraît, sous les auspices de J.-B. de Secondat et de l'avocat François Richer, une édition de *l'Esprit des lois*, complétée de deux cartes, de l'*Eloge de Montesquieu* par d'Alembert, d'une analyse de l'ouvrage par le même, du discours de réception de Montesquieu à l'Académie française, de la *Défense de « l'Esprit des lois »*, de *Lysimaque* et d'une table analytique des matières. Un *Avertissement* de l'auteur définit le sens du mot *vertu* dans l'ouvrage, et, quoique nous ne possédions aucun manuscrit relatif à cette édition, la critique interne et la comparaison avec les *Explications données à la Faculté de théologie* permettent de penser que c'est là l'état dernier du texte, tel que l'a voulu Montesquieu.

LES SOURCES

A constater l'étendue de la documentation, on comprend mieux la lenteur de l'élaboration et les difficultés dont la Préface nous a transmis le souvenir : « J'ai bien des fois commencé, et bien des fois abandonné cet ouvrage... »

Les lectures.

Innombrables — ou presque — sont en effet les lectures dont Montesquieu a nourri sa réflexion, suivant sans doute les méthodes que lui avaient enseignées ses maîtres oratoriens; n'est-ce pas l'un d'eux, le père Lamy, qui écrit dans ses *Réflexions sur les sciences* : « Un homme d'esprit se propose une fin, et pendant une vingtaine d'années, il tire de toutes ses lectures ce qui servira à son dessein; après quoi, il lui est facile *(sic)* de faire d'un ramas si exact et si laborieux un très riche ouvrage[1] »?

Les références données par Montesquieu lui-même dans le cours de l'ouvrage, mais aussi l'examen de ses carnets de lecture, la découverte récente du catalogue de la bibliothèque de La Brède, la critique

---

1. Cité par H. Roddier, dans son article sur la « Composition de *l'Esprit des lois* » (*Revue d'histoire littéraire de la France*, octobre 1952).

interne du texte permettent de déterminer les principales de ces sources. Retenons d'abord les grands textes politiques, anciens comme *la République* et *les Lois* de Platon, la *Politique* d'Aristote, modernes comme *le Prince* de Machiavel (1514), connu du moins à travers un ouvrage écrit par l'abbé Machou sur l'ordre de Richelieu, l'*Utopie* de Thomas More (1516), *la République* de Jean Bodin (1576-1578), *Du citoyen* de Hobbes (1642), l'*Essai sur le gouvernement civil* de Locke (1689). Peut-être a-t-il également eu connaissance, sur quelques points seulement, de l'œuvre du grand philosophe italien Vico (1668-1744). A ces titres, il faut ajouter, parmi de nombreux livres de droit, deux particulièrement importants : *le Droit de la guerre et de la paix* de Grotius (1625) et le *Traité sur l'origine et le développement du droit civil* de Gravina (1708).

Pour chaque période, une longue liste d'historiens : Xénophon et Hérodote pour la Grèce; pour l'histoire gréco-romaine, Diodore de Sicile, Dion Cassius, Tite-Live, Salluste, César, Tacite, Suétone, Julius Capitolinus, Denys d'Halicarnasse, Plutarque, Ammien Marcellin; sur Byzance, Procope; sur le haut Moyen Age, Cassiodore, Isidore de Séville, Marculfe, et des textes restés pratiquement inconnus jusqu'à lui (Nicefort, Nicetas, Sozomène, etc.); pour l'histoire moderne, des mémorialistes (d'Aubigné, Retz, Montrésor), sans oublier les deux grands ouvrages qu'il réfute dans les derniers livres : l'*Histoire de l'ancien gouvernement de la France* de Boulainvilliers (1727) et l'*Histoire critique de l'établissement de la monarchie française dans les Gaules* de l'abbé Dubos (1734). Il est renseigné sur la Russie par l'ouvrage de Perry, *Histoire de la grande Russie* (traduit entre 1707 et 1717), sur la Scandinavie (*Antiquités danoises* de Bertholin), sur l'Amérique (*Histoire de la conquête du Mexique* de Solix). Il connaît l'Orient grâce à Chardin et Tavernier, déjà consultés pour les *Lettres persanes*, mais aussi à Ricaut, dont l'*Histoire de l'état présent de l'Empire ottoman* a inspiré pour l'essentiel l'idée qu'il se fait du despotisme, au père Ducerceau (*Histoire de la dernière révolution de Perse*), à la compilation qu'a faite le père du Halde de rapports de missionnaires jésuites en Chine.

Bien d'autres encore. L'abbé Dedieu a pu consacrer un gros livre aux seules sources anglaises de Montesquieu; et même s'il manifeste parfois un peu de complaisance pour des rapprochements hâtifs, il montre dans l'*Esprit des lois* des souvenirs de Bolingbroke (*Idée d'un roi patriote*, 1738), de Bernard Mandeville (*Pensées libres sur la religion, l'Eglise et le bonheur des nations*, traduit en 1722), de Warburton (*l'Union de l'Eglise et de l'Etat*, 1736, traduite en 1742), de Clarke, d'Arbuthnot (*Essai sur les effets de l'air*, 1733), peut-être de Thomas Gordon.

Ces listes sont loin d'être exhaustives; mais on ne doit pas oublier que la documentation de Montesquieu, si le livre y tint une si grande place, ne fut pas uniquement livresque.

Les voyages.

Le long circuit à travers l'Europe lui a fait connaître des personnalités, des coutumes, des mentalités, qui sont venues s'ajouter aux représentations des livres. Certes, ce voyageur ne prend qu'une vue bien partielle des lieux et des sociétés qu'il traverse, et quand, dans *Tristes Tropiques,* Claude Lévi-Strauss cherche au XVIIIe siècle un ancêtre de l'ethnographie moderne, c'est chez Rousseau, le modeste et attentif randonneur des Alpes, qu'il le trouve, non chez Montesquieu, l'invité des cours et des salons. Mais celui-ci, s'il fréquente les cours et les hommes qui ont « de la surface », rapporte aussi un mémoire sur les mines du Harz, les conditions du travail, la situation sociale des mineurs ; s'il brille dans les salons et les académies, on le voit sur les quais d'Amsterdam, occupé à étudier l'activité du port. Ses carnets de voyages témoignent de l'intérêt passionné qu'il porte aux pays visités : « Quand j'ai voyagé dans les pays étrangers, je m'y suis attaché comme au mien propre : j'ai pris part à leur fortune, et j'aurais souhaité qu'ils fussent dans un état florissant. » N'est-ce pas une attitude analogue — de sympathie et de compréhension — à celle qu'il a voulu tenir devant les peuples que seule l'histoire a pu lui faire connaître : « Quand j'ai été rappelé à l'Antiquité, j'ai cherché à en prendre l'esprit pour ne pas regarder comme semblables des cas réellement différents, et ne pas manquer les différences de ceux qui paraissent semblables » ?

Le traitement des sources.

Pourtant, on a souvent reproché à Montesquieu beaucoup de désinvolture et d'imprudence dans l'utilisation de ces sources.

Il est vrai qu'il déforme fréquemment les titres des ouvrages qu'il cite, parfois même les noms des auteurs. Surtout, la critique des sources et l'établissement des faits manquent de rigueur. Certes, il sait corriger certains auteurs : au chapitre 15 du livre VI, il dit de Tite-Live qu'il se trompe ; après avoir confronté plusieurs historiens sur le problème du divorce, il conclut : « Plutarque a examiné un fait, et les autres ont raconté une légende » (XVI, 16) ; il recourt à la philologie pour réfuter l'abbé Dubos (XXX, 12 et 15) ; il dresse des statistiques (XVII, 4 : « L'Asie a été subjuguée treize fois »). Mais il n'empêche qu'il confond encore facilement légendes et faits historiques, qu'il n'hésite pas à s'appuyer sur les exploits de Thésée et d'Hercule pour faire comprendre l'état où se trouvait le peuple grec naissant (XXIV, 18) et qu'il accepte sans examen bien des affirmations de voyageurs plus ou moins sûrs.

En vérité, son intérêt ne s'arrête pas au fait historique en lui-même, dans son unicité. Il a sans doute plaisir à utiliser toutes les fiches patiemment accumulées, et E. Cassirer a pu écrire que « l'accessoire anecdotique qu'il entremêle à ses exposés de temps en temps submerge la ligne de la pensée et menace de la rendre presque méconnaissable[1] ». Mais derrière cette diversité, il cherche un ordre. A la différence d'un Bayle, qui ne vise qu'à juxtaposer en un dictionnaire les faits dépouillés des erreurs de la tradition, Montesquieu veut nous donner une classification qui établisse entre eux une hiérarchie; il sera plus un philosophe de l'histoire qu'un historien.

LE PROPOS

Le divers et l'ordre.

Refuser de s'installer dans le chaos du divers, dans l'anarchie du phénomène : le rationalisme cartésien avait remis à l'honneur la vieille intention platonicienne. Des « lois invariables », l' « uniformité » derrière la diversité, la « constance » sous le changement : c'est bien ce que Montesquieu aussi recherche.

Entreprise originale au XVIIIᵉ siècle, quand on la tourne vers le domaine des lois et des mœurs. Qu'on se rappelle Montaigne, tenté de retrouver le fondement d'une coutume et le découvrant « si faible qu'à peine, nous dit-il, que je ne m'en dégoutasse, moi qui avais à la confirmer en autrui » (*Essais*, I, 23); qu'on relise à sa suite Pascal, La Rochefoucauld, Montesquieu lui-même, quand, dans les *Lettres persanes*, il opposait à la fixité immuable des principes découverts par la physique cartésienne les lois positives — celles des malheureuses sociétés humaines —, « aussi sujettes au changement que l'esprit de ceux qui les proposent et des peuples qui les observent » (XCVII).

Un précurseur pourtant avait marqué le siècle précédent : Bossuet avait présenté une vaste interprétation de l'histoire des hommes; lui aussi croyait qu'ils n'étaient pas « uniquement conduits par leurs fantaisies », mais c'était pour faire apparaître derrière eux la main de Dieu : « Dieu tient du plus haut des cieux les rênes de tous les royaumes. [...] Veut-il faire des législateurs? Il leur envoie son esprit de sagesse et de prévoyance. [...] Ne parlons plus de hasard ni de fortune, ou seulement comme d'un nom dont nous couvrons notre ignorance » (*Discours sur l'histoire universelle*, III, 8).

Mais, entre-temps, est venu Bayle : il a détruit bien des préjugés et des traditions sur lesquels s'appuyait le providentialisme superbe de Bossuet; il a également, *minutissimarum rerum minutissimus scrutator*, fondé la méthode historique. Dès lors, une voie nouvelle s'ouvre au philosophe de l'histoire, celle que Montesquieu définit dès le premier livre, au chapitre 3 : la recherche de l'esprit des lois positives, c'est-à-dire la recherche des lois selon lesquelles les hommes choisissent leurs lois politiques, judiciaires, religieuses, morales. Montesquieu distingue bien ces deux types de lois — les lois positives,

---

1. Ernest Cassirer, *la Philosophie des lumières*, Paris, 1966.

qui sont son objet, et les lois de cet objet — quand il écrit : « Je ne traite point des lois, mais de l'esprit des lois. » Et il ajoute : « Cet esprit consiste dans les divers rapports que les lois peuvent avoir avec diverses choses. »

La loi-rapport.

Cet « esprit », ces lois scientifiques consistent donc en des rapports. Or, proclamer l'existence de ceux-ci dans le domaine politique et juridique, c'est le premier grand coup frappé par Montesquieu, et dès la première ligne de l'ouvrage : « Les lois, dans la signification la plus étendue, sont les rapports nécessaires qui dérivent de la nature des choses. » Entendez le théologien des *Nouvelles ecclésiastiques* s'emporter : « Les lois, des rapports! Cela se conçoit-il? » C'est qu'en 1748 la loi n'est encore acceptée comme un rapport constant entre des phénomènes variables que dans le domaine physique. Mais la loi politique, la loi morale, la loi religieuse sont des commandements imposés par une volonté à d'autres volontés; un passage du *Traité théologico-politique* de Spinoza indique bien l'hiatus qui s'est ouvert entre les deux sens du mot : « C'est toutefois par métaphore que le mot de « loi » se voit appliqué aux choses naturelles, [car] communément on n'entend pas par « loi » autre chose qu'un commandement[1]. »

La petite phrase qui ouvre *l'Esprit des lois,* et surtout l'extension de signification qu'elle donne tranquillement à entendre, c'est donc l'abandon de la loi-commandement; la politique saute le pas et rejoint le camp des sciences de la nature. Montesquieu prétend penser la politique et l'histoire selon une loi qui soit un rapport immanent aux phénomènes; il prétend découvrir, derrière les mobiles conscients que les hommes donnent à leurs législations, des causes qu'ils ignorent : climat, terrain, économie, mœurs, etc. Ainsi s'expliqueront non seulement les lois positives elles-mêmes, mais aussi leurs transgressions; car l'objet de cette science sociale n'est pas un corps inanimé soumis à un déterminisme strict, mais un être intelligent, qui, comme tel, « viole sans cesse les lois que Dieu a établies, et change sans cesse celles qu'il a établies » (*l'Esprit des lois*, I, I), et à qui il s'agit donc de faire prendre conscience de « la distance qui sépare les lois qui gouvernent les hommes à leur insu, des lois qu'ils font et qu'ils connaissent[2] ». Montesquieu peut donc sans contradiction à la fois refuser de juger ce qui est par ce qui doit être et proposer, comme il le fait si souvent, des devoirs aux lois positives. Cette science aboutit en effet à révéler à son propre objet ses erreurs et son inconscience, et à lui fournir, par là même, la possibilité de les corriger.

---

1. Cité par Louis Althusser, *Montesquieu, la politique et l'Histoire*, Paris, 1959, page 24; 2. Louis Althusser, *Montesquieu, la politique et l'Histoire*.

Ainsi, de par la nature de son objet, se trouve fondée une science politique critique au terme d'une entreprise née d'une extension aux sociétés de la conception newtonienne de la loi.

LA MÉTHODE

Mais Montesquieu a-t-il scrupuleusement respecté la démarche newtonienne? A-t-il réellement induit ses lois de l'observation des faits sociaux?

Newton ou Descartes?

Dans un article célèbre publié en 1896 dans la *Revue de métaphysique et de morale*, Gustave Lanson a voulu démontrer comment, au XVIIIᵉ siècle encore, « toute grande construction méthodique s'établit selon les règles cartésiennes », c'est-à-dire, pour l'essentiel, selon une déduction à partir de principes simples choisis de façon plus ou moins arbitraire. Ainsi, Montesquieu partirait de quelques notions simples et premières (la raison ordonnatrice de l'univers, l'existence de rapports naturels de justice antérieurs aux rapports d'institution humaine) et de définitions *a priori* (celles des quatre natures de gouvernements — démocratie, aristocratie, monarchie, despotisme — et de leurs principes — vertu, modération, honneur, crainte); de ces racines naîtrait tout un système déductif : « Quand il n'existerait, dit G. Lanson, quand jamais il n'aurait existé une monarchie, ni une république, une oligarchie ni un despotisme, les propriétés et conséquences de toutes ces formes de gouvernement subsisteraient, et la construction de *l'Esprit des lois* resterait debout. » Et l'expérience? Elle ne fournirait à Montesquieu que des figures propres à illustrer la démonstration; elle apporterait des confirmations; tout au plus servirait-elle à poser des problèmes, que les principes se chargeraient de résoudre. La faute de cette méthode, conclut Lanson, c'est de substituer « l'objet idéal à la figure sensible », d'engendrer le fait historique, au lieu de le constater; il faudra attendre Buffon et Condillac pour voir naître une véritable méthode inductive, qui s'appuiera sur l'observation rigoureuse des phénomènes.

Ce cartésianisme, on a pu le retrouver à d'autres niveaux de l'œuvre de Montesquieu; dans un mécanicisme hérité de Fontenelle, par exemple : les ressorts, les canaux, les frottements, les équilibres reviennent souvent sous sa plume. Louis Althusser fait remarquer que « la métaphore qui hante le despotisme [est] empruntée de corps se heurtant — et celle qui hante la monarchie, d'une source qui se répand[1] ». Métaphores, sans doute, mais qui ne peuvent être tout à fait innocentes.

---

1. L. Althusser, *Montesquieu, la politique et l'Histoire*, page 26.

Mais Montesquieu n'est-il pas en même temps celui qui, sous la notion de principe, donne en politique la part belle au sentiment et à la passion, et, plus profondément, à la vie concrète et matérielle qui vient animer les formes abstraites que sont les natures des gouvernements ? Relisons, d'autre part, la Préface de *l'Esprit des lois* : « Je suivais mon objet sans former de dessein ; je ne connaissais ni les règles ni les exceptions ; je ne trouvais la vérité que pour la perdre : mais quand j'ai découvert mes principes, tout ce que je cherchais est venu à moi. » N'est-ce pas là, comme le dit Althusser, « le cycle même d'une science empirique à la recherche de la loi de son objet » ? Et si certaines méthodes de présentation dissimulent la démarche initiale, Lanson lui-même en est venu à reconnaître que « la déduction, dans *l'Esprit des lois*, n'est bien souvent qu'une induction retournée et masquée ». Lanson lui-même, écrivant plus tard que « la déduction dans *l'Esprit des lois* n'est bien souvent qu'une induction retournée et masquée », reconnaîtra son erreur, qui reposait sur une confusion clairement dénoncée par K. Marx : « Le procédé d'exposition doit se distinguer formellement du procédé d'investigation. A l'investigation de faire la matière sienne dans tous ses détails, d'en analyser les diverses formes de développement et de découvrir leur lien intime. Une fois cette tâche accomplie, mais seulement alors, le mouvement réel peut être exposé dans son ensemble si l'on y réussit, de sorte que la vie de la matière se réfléchissant dans sa reproduction idéale, ce mirage peut faire croire à une construction *a priori*. » (*Le Capital*, postface de la deuxième édition allemande.)

Montesquieu et la pensée classique.

Descartes ou Newton ? Mécanisme ou vitalisme ? Ces problèmes, au reste, ne se posent peut-être qu'en surface. Le passage du XVIIᵉ au XVIIIᵉ siècle, de Descartes à Newton, ne constitue pas une rupture aussi nette qu'on a souvent voulu le croire. L'exigence profonde apportée par Descartes ne réside pas plus dans une mathématisation de l'univers que dans sa mécanisation. Elle est une expression, la première éclatante, d'une pensée qui, sous les accidents des théories individuelles et des déplacements d'accents, s'est donné pour tâche profonde, comme le montre Michel Foucault[1], d'étudier la possibilité d'établir entre les choses, même non mesurables, une succession ordonnée. Plutôt que d'assigner à toute force un modèle à Montesquieu, il est plus juste de voir dans son œuvre une démarche originale de cette pensée commune qui se cherche et se constitue à travers philosophes et écrivains de ces deux siècles.

---

1. Michel Foucault, *les Mots et les choses*, Paris, 1966.

TYPOLOGIE ET HISTOIRE

Nature et principe.

Ce qui unit Montesquieu à cette pensée classique, c'est de vouloir, à partir d'une comparaison des identités et des différences entre les divers régimes politiques, aboutir à une classification qui permette de réduire les cas particuliers à quelques types idéaux. « Sur le plan politique et sociologique, écrit E. Cassirer, *l'Esprit des lois* est une théorie des types. L'ouvrage veut montrer et démontrer que les organisations politiques que nous désignons des noms de *république,* d'*aristocratie,* de *monarchie,* de *despotisme,* ne sont pas des agrégats d'éléments hétéroclites, que chacun d'entre eux est pour ainsi dire préformé, est l'expression d'une structure[1]. »

Quatre ensembles organisés, donc, qui se définissent par le nombre des gouvernants et la présence ou l'absence de lois fondamentales. On peut être tenté de comparer cette démarche à celle que parcourra Rousseau dans le *Contrat social.* Dans l'un et l'autre cas, il s'agit de retrouver un état politique non pas antérieur, mais intérieur aux régimes que la réalité offre en une telle diversité. Mais les intentions sont différentes; Rousseau cherchera à établir le fondement de toute communauté sociale, quelle que soit la constitution politique que les circonstances lui imposent; Montesquieu s'arrête, lui, au niveau de ces constitutions; c'est elles qu'il caractérise en quatre types premiers. On voit par là que, si Rousseau s'efforcera d'assigner un modèle aux communautés humaines, Montesquieu ne vise qu'à étudier les modalités de leur existence. Face au réformisme de Rousseau, le propos de Montesquieu paraît purement scientifique; même le despotisme qu'il hait si fort reçoit un statut structurel.

Mais si Montesquieu s'en tenait là, l'originalité de son entreprise resterait mince. Sans doute sa classification des natures de gouvernements se distingue-t-elle de celle d'Aristote par l'élimination de tout critère appréciatif (voir Documentation thématique); mais Hobbes aussi refusait de prendre en considération la qualité d'un gouvernement pour le définir et le classer. De toute façon subsiste la principale difficulté : ces types idéaux n'existent que bien rarement à l'état pur dans la réalité; et leur étanchéité théorique est bien éloignée de leurs compromissions pratiques. Dès lors, Montesquieu se condamne-t-il en voulant rendre compte du réel à le laisser échapper ? Il s'en garde bien : la nature s'anime du principe, qui est sa condition d'existence; et ce principe — la vertu, la modération, l'honneur, la crainte — est une passion humaine. On serait tenté de dire que, pour la première fois, l'homme entre dans la politique. Ce que Platon avait ébauché au livre VIII de *la République,* mais en se contentant de

---

1. E. Cassirer, *la Philosophie des lumières.*

dresser des profils moyens, nés de la nature des gouvernements (cf. Doc. thématique), Montesquieu le reprend et l'achève : les hommes donnent vie à chaque nature de gouvernement, l'État devient une totalité nature-principe. Ainsi, non seulement les lois, mais encore les coutumes les plus surprenantes, les plus aberrantes sont comprises comme les effets de l'unité interne de l'État. Certes, des penseurs politiques avaient conçu cette idée avant Montesquieu, mais toujours à propos d'un État idéal ; l'originalité de Montesquieu, c'est, comme le souligne L. Althusser, d'en faire « une hypothèse scientifique destinée à rendre compte des faits[1] », de l'insérer dans la réalité historique. Rien d'étonnant si Hegel, qui assure à cette notion de totalité la fortune que l'on sait, en reconnaît la paternité chez Montesquieu.

Dans cette totalité, Montesquieu inclut une réalité invisible à côté de la réalité visible : si, pour distinguer les trois espèces de gouvernements, « il suffit de l'idée qu'en ont les hommes les moins instruits » (II, 1), les principes, eux, sont cachés, il faut les chercher (III, 1). Recherche d'autant plus nécessaire que c'est à eux que revient finalement, selon Montesquieu, le rôle déterminant. Les affirmations ne manquent pas dans l'Esprit des lois, analogues à celle-ci : « Lorsque les principes du gouvernement sont une fois corrompus, les meilleures lois deviennent mauvaises et se tournent contre l'État ; lorsque les principes en sont sains, les mauvaises font l'effet de bonnes. » Le rapport de la nature visible au principe invisible est un rapport d'apparence à essence qui fonde l'intention scientifique de Montesquieu : « Toute science serait superflue, écrit Marx, si l'apparence et l'essence des choses se confondaient » (le Capital, III, 3).

Que sont pourtant ces principes mis au jour, sinon des « passions humaines », comme les nomme Montesquieu lui-même (III, 1) ? Ne nous retrouvons-nous pas tout simplement devant la vieille explication psychologique, qui réduit les faits sociaux aux constantes immuables de la nature humaine ? C'est là une erreur qu'il ne faut pas commettre ; car chacun de ces principes est l'acceptation et la valorisation d'un certain type de rapport social ; plus exactement vertu, honneur et crainte représentent les trois réponses possibles au problème social de l'échange du moi aux autres, de l'intérêt particulier à l'intérêt général. C'est bien en effet en termes d'échange que Montesquieu les définit, qu'il s'agisse de la vertu : « Moins nous pouvons satisfaire nos passions particulières, plus nous nous livrons aux générales » (V, 2) ; de l'honneur : « L'ambition est pernicieuse dans une république. Elle a de bons effets dans une monarchie ; elle donne la vie à ce gouvernement » (III, 7) ; de la crainte enfin : « Dans les États despotiques, la nature du gouvernement demande une obéissance extrême. [...] Le partage des hommes, comme des bêtes, y est

---

1. L. Althusser, *Montesquieu, la politique et l'Histoire*, page 42.

l'instinct, l'obéissance, le châtiment » (III, 4). Ce qui peut se résumer dans le tableau suivant :

	Don fait à l'État	Gain du sujet ou citoyen
Vertu	Intérêt particulier	Intérêt public
Honneur	Intérêt public	Intérêt particulier
Crainte	Intérêt particulier	—

Cette classification fait ressortir une opposition entre les deux premiers systèmes, qui sont symétriques, et le dernier. Or, cette opposition se retrouve bien dans la conceptualisation de Montesquieu, qui oppose fréquemment les gouvernements modérés (républiques et monarchies) aux autres (despotismes). Ainsi, le chapitre 10 du livre III s'intitule *Différence de l'obéissance dans les gouvernements modérés et dans les gouvernements despotiques,* et contient une formulation explicite de l'inanité de l'échange « despotique » : « Il n'y a point (dans les régimes despotiques) de tempérament, de modifications, d'accommodements, de termes d'équivalents, de pourparlers, de remontrances; rien d'égal ou de meilleur à proposer; l'homme est une créature qui obéit à une créature qui veut. »

Ces trois « passions humaines » sont donc bien des aperceptions sociologiques, c'est-à-dire des prises de conscience de l'homme en tant qu'homme social défini par un certain choix idéologique parmi les virtualités indéfinies de la nature. Surtout, le choix individualiste de la société occidentale est présenté comme une possibilité, et non plus paré des prestiges de l'universel, puisque même le despotisme se voit donner un statut théorique. Raymond Aron voit là « un problème difficile » : « Le sociologue n'est-il pas acculé à admettre la nécessité d'un régime qu'il tient pour humainement et moralement mauvais[1]? » Mais la sociologie réside précisément dans le dépassement de ce problème — et des attitudes de bonne conscience et de mauvaise foi qu'il peut recouvrir. Louis Dumont, dans les premières pages d'un ouvrage consacré à l'étude du système des castes en Inde, réplique à cette nostalgie d'une trop facile familiarité avec l'universel : « C'est celui qui se penche avec humilité sur la particularité la plus menue qui garde ouverte la route de l'universel »; et il définit ainsi la sociologie : « A l'individu se suffisant à lui-même, elle oppose l'homme social; elle considère chaque homme, non plus comme une incarnation particulière de l'humanité abstraite, mais comme

1. Raymond Aron, *les Etapes de la pensée sociologique*, Paris, 1966, page 34.

un point d'émergence plus ou moins autonome d'une humanité collective particulière, d'une société[1]. » N'est-ce pas précisément l'attitude que choisit Montesquieu dès la découverte et la définition de ses principes ?

Principes et structure.

Une autre remarque s'impose : ce complexe de réponses, que constituent les trois principes, au problème de l'échange social (tel du moins que le pose Montesquieu) est assez analogue à ce que notre époque appelle une « structure ». Non pas au sens d'un ensemble organisé, où Cassirer emploie le mot dans le passage cité plus haut (page 18), et aussi Montesquieu, pour désigner la nature d'un gouvernement (III, I), mais au sens d'une configuration sous-jacente de rapports autres que ceux qui apparaissent au niveau de l'organisation visible.

On comprend mieux alors certains aspects déductifs de la méthode de Montesquieu. Car cette démarche de la nature au principe n'est pas à proprement parler inductive ; ce n'est pas une généralisation à partir de quelques expériences, ce n'est pas l'établissement d'une loi qui régit les faits sociaux empiriquement perçus ; c'est la découverte d'une face secrète du réel en fonction de laquelle seule peut être expliquée la face visible. C'est bien une forme de déduction qui permet de la trouver, mais cette déduction, au lieu de s'opposer à l'expérience comme chez Descartes[2], s'accorde étroitement avec elle ; au lieu d'aller du simple au composé, elle va de l'évident au caché. On peut donc être tenté de voir là — toutes proportions gardées, et dans les limites qu'imposent en particulier à Montesquieu le psychologisme classique et les incertitudes de sa documentation — les premiers jalons d'un chemin où s'engageront hardiment, plus tard, marxisme, psychanalyse et structuralisme.

Transformations structurelles et histoire.

La mise en évidence de cette structure permet de faire justice de quelques préjugés tenaces sur Montesquieu — de celui, en particulier, qui veut enfermer son ouvrage dans le pur et simple dessein d'une typologie ignorant pratiquement l'histoire. Albert Sorel, par exemple, écrit dans son *Montesquieu* : « Point de chronologie ni de perspective ; tout est placé sur un même plan. C'est l'unité de temps, de lieu et d'action portée du théâtre dans la législation. [...] Il a étudié et peint la monarchie ou la république, comme Molière, l'Avare, le Misanthrope ou le Tartuffe ; comme La Bruyère, les Grands, les Politiques, les Esprits forts. » Brunetière voyait plus juste, qui notait dans un article de *la Revue des Deux Mondes* (août 1887) : « L'histoire,

---

1. Louis Dumont, *Homo hierarchicus*, Paris, 1967, pages 16 et 18 ; 2. Descartes, *Règles pour la direction de l'esprit*, II : « On arrive à la connaissance des choses par deux voies : l'expérience et la déduction. »

avec *l'Esprit des lois*, devient philosophique, en ce sens qu'elle fait désormais consister son principal objet dans la recherche des causes. » On peut constater en effet que Montesquieu, aussi vivement qu'aux types politiques, s'intéresse aux glissements, combinaisons et transformations qui affectent la structure d'échange social plus haut définie.

La notion de gouvernement modéré — on l'a vu — répond au souci de poser une catégorie à la fois nettement déterminée sur le plan théorique et assez hétérogène pourtant pour rendre compte de nuances de la réalité politique. De même pour le quatrième type politique, que nous avons jusqu'ici laissé dans l'ombre : l'aristocratie ; si Montesquieu cède aux traditions des classifications politiques (cf. Documentation thématique) et la place (un peu à la sauvette) au rang des trois autres, il marque bien qu'en réalité elle présente un moindre degré de réduction qu'eux, et qu'elle repose sur une combinaison entre république et monarchie : « Le peuple [...] y est à l'égard des nobles ce que les sujets sont à l'égard du monarque », et son principe, la modération, ne peut se définir que par référence au principe de la démocratie : « La modération [...], j'entends celle qui est fondée sur la vertu » (III, 4).

Mais il est de ce souci historique un trait plus significatif, et qui engage plus profondément la discussion. C'est que ce théoricien des types abstraits choisit pour exemples privilégiés des régimes politiquement « impurs » : la république romaine, au carrefour de toutes les institutions ; la monarchie anglaise, aimantée par la république ; la monarchie française classique, lorgnant vers le despotisme. Autant de régimes en mouvement, que le baroquisme rococo de Montesquieu peut sans doute affectionner ; surtout, autant de régimes engagés dans l'histoire, comme glissant et jouant sur les facettes de la structure globale de l'échange social.

Ce fait conduit à prêter une plus profonde attention à la place de l'histoire dans *l'Esprit des lois*. Deux passages attirent aussitôt les yeux : le livre VIII, les livres XXVII-XXXI. Sans doute ces derniers ne sont-ils pour la plupart que des monographies qui ne posent pas le problème au fond — encore que le livre XXIX étudie les moyens d'agir avec précision sur l'histoire. Mais le livre VIII, lui *(De la corruption des principes des trois gouvernements)*, affronte bien la typologie et l'histoire. La solution proposée peut paraître décevante, car elle se réduit à tracer un cycle des gouvernements, à la façon de celui que décrit Platon au livre VIII de *la République* : lointaines analogies du cycle mythique des âges. La démocratie ouvre sur la monarchie ou l'aristocratie ; l'une et l'autre se corrompent dans le despotisme ; et le despotisme, « corrompu par sa nature », est condamné à périr. Est-ce vraiment l'histoire, ce mouvement qui se referme sur lui-même ? Escamotés, le temps et la dialectique du devenir ; seule tourne la roue de l'éternité. Mais Montesquieu ne s'en tient pas à l'élaboration de ce cycle plus poétique que scientifique — et qu'en fait le

lecteur reconstitue plutôt que l'auteur ne le met en évidence. Car
Montesquieu vise, plus profondément, à déterminer les facteurs qui
produisent ces métamorphoses historiques. « Montesquieu fut le
premier, écrit L. Althusser, qui donna une réponse au problème,
devenu classique, du moteur de l'histoire[1]. » Cette réponse tourne
autour du rôle du principe, dont la primauté est nettement affirmée
dès les premières lignes du livre VIII : « La corruption de chaque
gouvernement commence presque toujours par celle des principes. »
Pourtant, là encore, une déception nous attend : Montesquieu se
contente de décrire ces corruptions de principes, et le livre est comme
le négatif des précédents : nous savons que la vertu est le ressort de
la démocratie, nous apprenons que la déformation de ce ressort
interdit le fonctionnement de la démocratie (VIII, 2). Rien là que de
quasi tautologique. Comment se déforme le ressort ? Comment se trans-
forme la structure de l'échange social ? Comment se fait l'histoire ?
Ces questions restent encore sans réponse.

Les causes particulières.

La réponse vient un peu plus loin : quand l'ouvrage étudie ces
« rapports plus particuliers » annoncés par le chapitre 3 du livre
premier, et qui se présentent à partir du livre XIV, sous l'égide de la
« théorie des climats ».

C'est le passage de l'ouvrage qui prête le flanc aux plus fréquents
reproches. Bien des commentateurs y voient s'égarer l'économie de
l'ouvrage et s'enliser sa cohérence idéologique. Comment admettre,
par exemple, qu'apparaisse seulement au livre XIV ce climat dont
le livre XIX nous apprendra qu'il est « le premier de tous les
empires » ? Pour Lanson, Montesquieu, ayant épuisé dans les treize
premiers livres les déductions à tirer de ses principes, renouvelle
la matière en introduisant des variables : l'espace d'abord (livres XIV-
XXV), le temps ensuite (XXVI-XXXI). Dedieu, lui, est surtout sensible à la désinvolture que traduit l'amalgame des livres XIV à XXV :
les mœurs à côté de la géographie, la religion voisinant avec le
commerce et les finances, voilà de fâcheuses promiscuités. Et de se
demander avec chagrin si Montesquieu n'est pas revenu aux opinions
de sa jeunesse, à ce déterminisme qui n'hésitait pas à prêter des
causes physiques à des phénomènes psychologiques; il semblait
pourtant avoir évolué vers un idéalisme plus sain, celui qui écrivait
dans les *Réflexions sur les habitants de Rome* : « L'institution, l'habitude, les mœurs font aisément vaincre la force du climat », et qui,
dans les *Considérations*, expliquait les triomphes des Romains par
leurs « maximes ». Terrible rechute! « Montesquieu, conclut Dedieu,
ne veut point s'apercevoir que cette théorie [la théorie des climats]

---

1. L. Althusser, *Montesquieu, la politique et l'Histoire*, pages 46-47.

est la négation et la ruine de presque tout son chef-d'œuvre. L'empire du climat n'admet point d'autorité rivale. »

C'est là mal poser le problème. D'abord, pourquoi tant s'étonner ? La « théorie des climats » — pour nous en tenir provisoirement à cette idée, la plus « scandaleuse » — n'est pas sortie tout armée du cerveau de Montesquieu ; l'hypothèse d'une influence du climat sur le comportement psychologique et même politique des hommes court tout au long du siècle : Dedieu lui-même a montré tous les emprunts de Montesquieu au médecin anglais John Arbuthnot, et M. Mercier, en conclusion d'une substantielle étude sur la théorie des climats au XVIIIe siècle, écrit que le mérite de Montesquieu ne réside pas dans la nouveauté des faits exposés, mais dans « la vue d'ensemble qui lui a permis de ramener à l'unité d'un système ces éléments disparates », et surtout dans le respect d'une méthode soucieuse d'établir des faits concrets et de procéder à des expérimentations[1]. Rien là que de rassurant — à quoi il faut ajouter ceci : Montesquieu n'a pas attendu le livre XIV pour mentionner l'importance du climat et des facteurs physiques ; sans remonter jusqu'à la *Lettre persane* 121, ni même à certains passages des *Considérations*, relisons le livre VIII. Raymond Aron a raison d'y souligner l'apparition de l'élément dimensionnel : « Il est de la nature d'une république qu'elle n'ait qu'un petit territoire[2] » (VIII, 16) ; mais ce même livre VIII (et comment nous étonner que ce soit précisément lui ?) met déjà en scène le climat et certaines des causes particulières qu'étudieront les livres XIV-XXVI. Au chapitre 8 : « La plupart des peuples d'Europe sont encore gouvernés par les mœurs. Mais si par un long abus du pouvoir, si par une grande conquête, le despotisme s'établissait à un certain point, il n'y aurait pas de mœurs ni de climat qui tinssent ; et dans cette belle partie du monde la nature souffrirait, au moins pour un temps, les insultes qu'on lui fait dans les trois autres. » Et, au chapitre 10, à propos du gouvernement despotique : « Il ne se maintient que quand des circonstances tirées du climat, de la religion, de la situation ou du génie du peuple le forcent à suivre quelque ordre, et à souffrir quelque règle. » Voilà qui instaure entre les treize premiers livres et les suivants un lien plus étroit qu'on ne veut souvent le voir.

Sans doute, mais dans les passages plus haut cités, ces causes particulières ne semblent jouer qu'un rôle secondaire, étant présentées comme impuissantes ou contingentes. Montesquieu ne se serait-il pas laissé entraîner par la suite à leur donner une plus grande importance ? En fait, ces causes particulières jouent toujours un rôle secondaire, si l'on veut dire par là qu'aucune d'entre elles n'est jamais à elle seule nécessairement déterminante. Mais un rôle essentiel aussi,

---

1. Mercier, « la Théorie des climats au XVIIIe siècle » (*Revue d'histoire littéraire de la France*, 1953) ; 2. R. Aron, *les Étapes de la pensée sociologique*, page 34.

car c'est leurs combinaisons et leurs variations qui informent la structure politique et sociale. Tous ces facteurs ont en effet un point commun : c'est d'agir indirectement; c'est-à-dire, si déterminants soient-ils, de ne jamais être exclusifs. C'est pourquoi on ne peut les considérer isolément. Le climat chaud ne crée pas nécessairement le despotisme et l'esclavage — même si le climat est le premier des empires, et si chaleur et despotisme sont liés : « Il n'y a peut-être pas de climat sur la terre où l'on ne pût engager au travail des hommes libres », dit le chapitre 8 du livre XV —, et, plus affirmativement encore, le chapitre 5 du livre XIV porte pour titre : *Que les mauvais législateurs sont ceux qui ont favorisé les vices du climat et les bons ceux qui s'y sont opposés*. De même, Voltaire se donne beau jeu quand il demande à Montesquieu comment un même pays a pu connaître dans son histoire des régimes différents : « Le climat de Rome n'a guère changé : cependant, y a-t-il rien de plus bizarre que de voir des zocolanti, des récollets, dans ce même Capitole où Paul Émile le Macédonique triomphait de Persée, et où Cicéron fit entendre sa voix ? » Quand le climat est une donnée immuable, les autres causes particulières décident des mouvements de l'histoire; aussi, une monographie comme *les Romains* ne fait-elle pas (et de loin) au climat une part aussi belle qu'une étude de sociologie comparée comme *l'Esprit des lois!* L'importance du climat n'en est pas pour autant affectée.

On est donc en présence d'un système extrêmement souple, qui cherche à récupérer la totalité du réel en respectant ses nuances et ses muances. En gros, comme le montre C. E. Vaughan[1], ces déterminations extérieures de la structure politique obéissent à deux principes : *a*) chacune est sujette à être modifiée par les autres; *b*) la plus contraignante est celle du climat, parce qu'elle naît de relations externes à l'homme, tandis que les autres sont internes.

Ce système, enfin, s'articule très étroitement à la structure nucléaire de l'échange social. L. Althusser, en effet, a mis en lumière le rôle de relais joué par le concept de mœurs : « Toutes ces causes, écrit-il, qui semblaient radicalement séparées, se rejoignent donc au moment d'agir sur le gouvernement, et de déterminer certaines de ses lois essentielles, en un point commun : les mœurs, les manières d'être, de sentir et d'agir, qu'elles confèrent aux hommes qui vivent dans leur empire[2]. » N'est-ce pas d'elles que se forme cet « esprit général », qu'étudie le livre XIX — dont on peut, au surplus, remarquer qu'il occupe une place centrale dans la séquence des livres XIV-XXVI? On lit en effet au chapitre 4 : « Plusieurs causes gouvernent les hommes : le climat, la religion, les lois, les maximes du gouvernement, les exemples des choses passées, les mœurs, les manières; d'où il se forme un esprit général qui en résulte. » Sans doute, tout

1. C. E. Vaughan, *Studies in the History of political Philosophy before and after Rousseau*; 2. L. Althusser, *Montesquieu, la politique et l'Histoire*, page 53.

n'est pas parfaitement clair dans la terminologie — et peut-être même la conceptualisation — de cette partie de l'ouvrage; en particulier, Montesquieu ne distingue pas assez nettement ce qu'il entend par mœurs et manières, d'une part, et par esprit général, de l'autre. Mais ne peut-on être tenté de voir dans cet esprit général (ou ces mœurs), résultante psychologique, déterminante et secrète, comme un analogue de ce qu'était dans les premiers livres le principe, et même, plus exactement, comme l'autre face de la même réalité? Certains passages y invitent clairement, comme celui-ci, où Montesquieu analyse la corruption de la démocratie : « Il n'y aura plus de mœurs, plus d'amour de l'ordre, plus de vertu » (VIII, 2); ou encore les lignes où il décrit l'esprit général de la nation française en des termes qui rappellent étroitement l'analyse de l'honneur : « ... du courage, de la générosité, de la franchise, un certain point d'honneur... » (XIX, 5). Aussi, L. Althusser conclut-il : « Le principe est bien l'expression politique du comportement concret des hommes, c'est-à-dire de leurs mœurs et de leur esprit[1]. »

Ainsi communiqueraient les différents éléments mis en lumière depuis le début du livre, ainsi s'expliqueraient leurs influences respectives. C'est ce que peut figurer le tableau suivant :

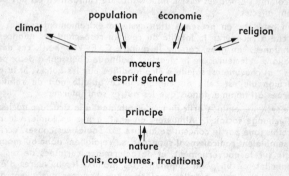

(lois, coutumes, traditions)

Nous retrouvons là les termes énumérés par Montesquieu en différents passages. Nous comprenons comment le climat — ou toute autre cause particulière — peut être combattu. Nous comprenons aussi pourquoi, devant la nature complexe du noyau mœurs-principe, le législateur doit être particulièrement prudent dans le choix de ses moyens d'action (lois, coutumes, exemples, etc.) : « Lorsqu'un prince veut faire de grands changements dans sa nation, il faut qu'il

---

1. L. Althusser, *Montesquieu, la politique et l'Histoire*, page 54.

réforme par les lois ce qui est établi par les lois, et qu'il change par les manières ce qui est établi par les manières. » Nous comprenons enfin le plan de l'ouvrage.

Le plan de « l'Esprit des lois ».

L'Esprit des lois donne facilement une impression de désordre, et on n'en a pas épargné le reproche à Montesquieu. Albert Sorel n'est pas des plus sévères, qui écrit : « A vrai dire, l'ouvrage s'arrête au livre XXVI. La puissante cohésion qui y imprime un caractère de majesté ne règne entièrement que dans la première partie (livres I à VIII). A mesure que les livres suivants se déroulent, l'enchaînement se desserre, et les digressions se multiplient. C'est que, tout vaste qu'était l'esprit de Montesquieu, il ne pouvait embrasser le formidable amas de notes réunies pendant trente années de lecture[1]. » Écoutons plutôt décréter Brunetière : « Sa manière d'écrire lui a comme imposé sa manière de penser. [...] Le désordre y est extrême, et la lecture en est laborieuse. [...] Deux ou trois objets se disputent, dans *l'Esprit des lois,* la pensée de Montesquieu; incertain lui-même, il va sans cesse de l'un à l'autre. [...] Sans doute, on dira que toutes ces intentions, non seulement se touchent, mais s'entre-tiennent; et je répondrai que c'est justement quand les matières se touchent qu'il est nécessaire de les bien distinguer, quand elles s'entre-tiennent qu'il importe de nous en faire voir le lien[2]. »

Barckhausen faisait remarquer qu'après tout l'ordre n'est pas indispensable à une grande œuvre, et se référait au *Discours sur la couronne* de Démosthène et à la *Politique* d'Aristote. Il n'en a pas moins été un des premiers à chercher un plan dans ce dédale; celui qu'il a retenu, très séduisant à bien des égards, présente pourtant le vice de négliger arbitrairement les livres XXVII, XXVIII, XXX et XXXI[3]. Lanson a fait progresser cette recherche en montrant que *l'Esprit des lois* se découpe en trois parties : I-XIII, XIV-XXV et XXVI-XXXI; revenir sur cette division, comme le fait R. Aron, c'est morceler l'ouvrage et le priver de sa dynamique[4]. Encore faut-il articuler ces trois parties; on a vu plus haut que Lanson les juxtaposait plus qu'il ne les enchaînait (voir page 45). On peut, au contraire, après l'analyse des pages précédentes, leur découvrir un lien profondément nécessaire.

Ce plan nous invite à un cheminement dialectique, dont la loi est que l'invisible seul donne à voir le visible. Parti de la surface miroitante, éblouissante du réel, temps et espace insaisissables (voir Préface), Montesquieu la réduit aux natures de gouvernements et gagne

---

1. A. Sorel, *Montesquieu*; 2. Brunetière, *la Revue des Deux Mondes,* août 1887; 3. Barckhausen, « le Désordre de *l'Esprit des lois* » (*Revue du droit public et de la science politique en France et à l'étranger,* 1898); 4. G. Lanson, « Influence de la philosophie cartésienne sur la littérature française » (*Revue de métaphysique et de morale,* 1896). — R. Aron, *les Etapes de la pensée sociologique,* pages 30-31. Pour le détail de ces plans, voir pages 44 et 45.

de là les profondeurs cachées de la structure (les principes); dès lors, le visible institutionnel, devenu « conséquences des principes » (titres des livres VI et VII), est découvert et révélé dans son organisation par le caché, qu'il s'agisse d'éducation (IV), de criminalité (VI), d'économie (VII), de guerre (IX-X), de constitution politique ou juridique (XI-XII), de finances (XIII). Mais si le législateur doit accorder ses lois au principe (V), comment s'expliquent les transformations du principe (VIII, et aussi XI-XIII, car la liberté qui fait le sujet de ces livres, et que Montesquieu définit comme une « tranquillité d'esprit qui provient de l'opinion que chacun a de sa sûreté », n'est-elle pas une aperception de l'échange social qui cherche à s'inscrire dans le triangle structurel plus haut défini ?)

Nouvelle plongée dans l'invisible, qui atteint cette fois la face neutre, non marquée, du principe, c'est-à-dire l'esprit général, dont les attaches avec le visible : climat (XIV-XVII), population (XVIII), échanges (XX-XXIII), religion (XXIV-XXV) — permettent la récupération et l'organisation d'un espace et d'un temps politiques et sociaux qui débordent largement le visible institutionnel auquel Montesquieu s'était limité dans sa première partie.

Mouvement et totalité, qu'est-ce sinon l'histoire ? La voici en effet, à qui les six derniers livres (XXVI-XXXI) ouvrent leur champ, pour la suivre (évolution des lois romaines de succession en XXVII, naissance du droit civil français en XXVIII, origines de la monarchie française en XXX et XXXI) ou pour la guider (comment choisir et composer les lois, XXVI et XXIX). Écrite ou descriptive, elle informe ce réel qui vient de la découvrir; les Romains et les Francs sont à leur tour révélés par ce qu'ils cachaient. Sans doute, cette partie est la plus décousue; des livres pourraient s'y ajouter, et certains ont été introduits au dernier moment. Ce halètement qu'y perçoit Sainte-Beuve est-il seulement, comme il le croit, celui de la fatigue ? Que Montesquieu découvre le temps et l'âge en même temps que l'histoire, n'est-ce pas un nouvel effet de cette dialectique du visible et de l'invisible qui régit son œuvre ?

PERMANENCE DU DÉSORDRE : L'ARTISTE

Un ordre s'instaure donc sur *l'Esprit des lois*, donnant raison à d'Alembert, qui affirmait dans son *Eloge de Montesquieu* : « L'ordre qui se fait apercevoir dans les grandes parties de *l'Esprit des lois* ne règne pas moins dans les détails; nous croyons que plus on approfondira l'ouvrage, plus on en sera convaincu. » Cet ordre nous autorise à y voir le premier ouvrage traitant de l'étude des sociétés avec une méthode suffisamment scientifique. Auguste Comte saluait en Montesquieu le précurseur de la sociologie. Raymond Aron va plus loin et fait de lui « un des doctrinaires de la sociologie » : « Si le sociologue, écrit-il, se définit par une intention scientifique, connaître scientifiquement le social en tant que tel, Montesquieu est alors, selon moi, tout autant un sociologue qu'Auguste Comte[1]. »

Pourtant, cet ordre est un ordre sans cesse menacé. Si l'on peut retracer le cheminement de l'ouvrage, il n'en reste pas moins des détours difficiles à expliquer; la route est constamment émaillée de surprises et de fantaisies, l'allure change à tout instant, et le lecteur peine à suivre ce guide pourtant si sûr.

Signes du désordre.

Certains livres — on l'a déjà constaté — ne se trouvent pas là où les attendrait le plus volontiers la logique du parcours : ainsi des livres VIII, XIX, XXVI et XXIX. D'autres, s'ils viennent à leur heure, semblent avoir pris un malin plaisir à bousculer l'ordonnance de leurs chapitres et à plonger le lecteur dans ce qui est plus irritant que le désordre : la dissimulation d'un ordre existant; ainsi le livre XXIV, s'il étudie l'influence de la religion sur la société et l'influence des facteurs sociaux sur la religion, s'ingénie à brouiller ces deux ordres de rapports au lieu de les distinguer.

Bien des livres de l'ouvrage sont, il est vrai, plus accueillants; mais c'est souvent pour nous ménager des surprises plus feutrées. Des chapitres d'une importance quantitative très inégale, d'abord : certains se réduisent à une phrase (V, 13; VIII, 15), d'autres atteignent à la longueur d'un essai, comme le célèbre chapitre 6 du livre XI. Le contenu d'un chapitre peut également varier du degré zéro à la multiplicité : le chapitre 15 du livre VIII ne fait que renvoyer aux trois suivants; le dix-neuvième du livre V exige, lui, des subdivisions. Et Montesquieu, loin de chercher à estomper ces inégalités, se plaît à les accuser : le chapitre 6 du livre XI se dresse au milieu de chapitres extrêmement brefs; au livre XXVI, une suite de chapitres abstraits et généraux sur les modalités de la confection des lois est brusquement interrompue par l'évocation du « malheureux sort de l'Inca Athualpa » (XXXVI, 22).

Irrégulier, ce découpage est encore plus arbitraire. Montesquieu change fréquemment de chapitre sans changer de sujet; il arrive plusieurs fois au lecteur de rencontrer trois chapitres successifs intitulés *Continuation du même sujet* (XIX, 24-26; XXVIII, 31-33; XXXI, 21-23); au livre XII, le seul chapitre 7 se nomme *Du crime de lèse-majesté*, mais les six suivants, sous des titres plus ou moins explicites, traitent du même sujet; au livre XI, le chapitre 9 est une illustration du chapitre 8, dont le développement se poursuit au chapitre 10. On conçoit que les titres soient, dans ces conditions, extrêmement suspects; souvent vagues (*Réflexion[s]*, etc.), ils servent parfois autant à cacher qu'à

---

1. R. Aron, *les Etapes de la pensée sociologique*, page 27.

dévoiler : c'est dans le chapitre 14 du livre XIX, *Quels sont les moyens naturels de changer les mœurs et les manières d'une nation*, que l'on découvre, innocemment tapie à la fin d'un paragraphe, la célèbre affirmation selon laquelle « l'empire du climat est le premier de tous les empires ».

Même chose à l'intérieur des chapitres. Il est rare qu'ils soient aussi décousus que le long chapitre 27 du livre XIX, qui juxtapose, par association d'idées, les principaux traits des mœurs anglaises. Mais les alinéas brefs en quoi se décompose chaque chapitre apportent plus d'éblouissement que de clarté : « Le livre en paraît plus clair aux yeux, disait déjà Buffon, mais le dessein de l'auteur demeure obscur. » Si la seconde de ces affirmations est abusive, il n'en reste pas moins que ces alinéas, petits îlots massifs, dédaignent de s'articuler, et l'on connaît assez la pensée de Montesquieu à ce sujet : « Pour bien écrire, il faut sauter les idées intermédiaires, assez pour n'être pas ennuyeux; pas trop, de peur de n'être pas entendu » (*Mes pensées*, n° 802).

Explications du désordre.

Ces signes de désordre — ou ces surprises de l'ordre — ne sauraient être ramenés à une seule et même cause. Encore faut-il distinguer les divers ordres d'explication qu'on peut invoquer à ce sujet — et apprécier leur importance.

D'abord des raisons de circonstances. Un homme qui dicte peut être tenté de disposer son texte par petites unités, plutôt juxtaposées qu'articulées; un homme guetté par la cécité peut difficilement se relire. M. de Montesquieu n'est pas un écrivain de profession et ne veut surtout pas paraître tel. La prudence aussi : le désordre offre prise moins facile aux assauts de l'ennemi[1].

Plus profondément, Montesquieu appartient déjà à un siècle qui répugne aux grandes constructions synthétiques et dogmatiques où se plaisait son aîné. Le XVIIIe siècle n'est plus persuadé de pouvoir atteindre aux sources primordiales de la lumière; ses principes mêmes lui semblent baignés de pénombre : « Nous les appelons principes, écrit d'Alembert, parce que c'est là que nos connaissances commencent. Mais bien loin de mériter ce nom par eux-mêmes, ils ne sont peut-être que des conséquences fort éloignées d'autres principes plus généraux que leur sublimité dérobe aux regards » (*Encyclopédie*, article

---

1. Encore qu'il faille se rappeler à ce sujet les pertinentes remarques de Lucien Febvre : « Comment n'être pas étonné de la façon dont nos contemporains s'obstinent, sous prétexte de les justifier, à dégrader les grands hommes auxquels ils rattachent, non sans raison, la genèse du monde moderne. Ils ne sont satisfaits que s'ils en font des pleutres [...]. La peur est de l'homme, mais plus encore le triomphe sur la peur » (*le Problème de l'incroyance au XVIe siècle*, pages 8-9). Il est vrai aussi que Montesquieu déclarait accepter le confesseur de la vérité, non son martyr.

« Élément de science »). Certes, la Préface de *l'Esprit des lois* rend un autre son : « J'ai posé mes principes, j'ai vu les cas particuliers s'y plier. » Mais il est permis à Montesquieu de s'abuser quelque peu lui-même. C'est lui précisément, ne l'oublions pas, qui ouvre avec éclat la succession des grandes synthèses métaphysiques et inaugure l'étude scientifique du détail; ne peut-il se laisser encore tenter par l'ancienne voie, se perdre aussi parfois dans ce réel fragmentaire qu'il recense avec minutie et dont il ne veut rien laisser échapper?

Pourtant, de ce livre, il revendique l'entière responsabilité; quand Voltaire prétend le refaire « selon l'ordre classique », il ironise et proteste : « Voltaire a bien de l'esprit, il refait l'ouvrage qu'il veut critiquer, puis il le juge. C'est mon livre que j'ai prétendu faire. » Désordre inclus? Cette nécessité subjective que Montesquieu prête à son œuvre la fait entrer dans le domaine esthétique : au savant se superpose l'artiste. Dès lors, ce problème du désordre se pose sous un jour nouveau : puisque l'ordre, de toute évidence, et malgré quelques incertitudes, concerne plutôt le savant, c'est peut-être en mettant le désordre — ou certaines des formes qu'il revêt — en rapport avec d'autres éléments esthétiques, intérieurs et extérieurs à l'œuvre, que l'on parviendra à définir son rôle essentiel.

Poétique de « l'Esprit des lois ».

Le premier indice nous est fourni par l'œuvre elle-même : c'est la présence insistante du « je », insolite dans une œuvre scientifique. Pas seulement ce « je » presque objectivé et innocent, qui rapporte au chapitre premier du livre XIV l'expérimentation accomplie sur une langue de mouton, mais surtout celui qui nous confie ses incertitudes (XV, 8 : « Je ne sais si c'est l'esprit ou le cœur qui me dicte cet article-ci... »), ses difficultés (XIX, 1 : « Il faut que j'écarte à droite et à gauche, que je perce, que je me fasse jour »), ses triomphes (XXX, 2 : « Que si, dans la recherche des lois féodales, je me vois dans un labyrinthe obscur, plein de routes et de détours, je crois que je tiens le bout du fil, et que je puis marcher »). Ce « je » -là n'existe que par un « tu » auquel il donne lui-même existence; cette présence de l'auteur fait naître avec elle celle du lecteur — et le terrain de leur rencontre est précisément le désordre de cette œuvre à faire, en train de se faire dans le partage de ces deux intimités qui s'efforcent en commun de nommer le monde.

C'est donc vers l'hypothèse d'une tentation poétique de *l'Esprit des lois* que nous sommes entraînés, et bien des indices se laissent glaner sur ce chemin.

Si Montesquieu a médit des poètes dans les *Lettres persanes*, il ne répugne pas à faire appel à eux, et le livre XXIII s'ouvre sur une longue citation de Lucrèce. Mieux : en tête du livre XX se place la fameuse « Invocation aux Muses », qui, pour être en prose, n'en reprend pas moins la grande tradition de la poésie didactique : « Divines Muses, je sens que vous m'inspirez, non pas ce qu'on chante à Tempé sur les chalumeaux, ou ce qu'on répète à Délos sur la lyre; vous voulez que je parle à la raison; elle est le plus parfait, le plus noble, le plus exquis de nos sens. »

Dans ce même esprit — que l'auteur lui-même nous souffle —, il faut faire la part des images qui émaillent l'Esprit des lois : « Rome était un vaisseau tenu par deux ancres dans la tempête : la religion et les mœurs » (VIII, 13); « Tel est l'état nécessaire d'une monarchie conquérante; un luxe affreux dans la capitale, la misère dans les provinces qui s'en éloignent, l'abondance aux extrémités. Il en est comme de notre planète, le feu est au centre, la verdure à la surface, une terre aride, froide et stérile entre les deux » (X, 9); ou encore : « C'est un beau spectacle que celui des lois féodales. Un chêne antique s'élève; l'œil en voit de loin les feuillages; il approche, il en voit la tige; mais il n'en aperçoit point les racines : il faut percer la terre pour les trouver » (XXX, 1). Autant de belles évocations, où la réflexion se perd et s'enrichit à la fois en une vision volontiers cosmique; l'image n'est pas seulement le reflet de la vérité, elle en est l'instrument. Raison et sens se trouvent là l'accord sollicité des Muses.

Plus largement encore, Fletcher a montré combien l'imagination de Montesquieu s'émeut quand il évoque des choses qu'il hait ou qu'il aime[1]; qu'il énonce, par exemple, la « tranquillité » du régime despotique, elle devient « le silence de ces villes que l'ennemi est près d'occuper ». Non seulement il voit l'histoire, mais encore il sait voir comment ses acteurs l'ont vue : « Le peuple romain, plus qu'un autre, s'émouvait par les spectacles. Celui du corps sanglant de Lucrèce fit finir la royauté, etc. » (XI, 15).

A cette poésie visuelle s'ajoute une musique. Non pas une musique « racinienne », mais une musique d'idées, de disposition des idées, qui finit par créer un véritable envoûtement. Barckhausen l'a bien définie : « Un rythme harmonieux se dégage à la lecture d'une série d'alinéas, n'ayant que quelques lignes en général, et formant comme autant de couplets dont chacun flatte l'oreille », et de citer en guise d'exemple les premières lignes du livre II qui définissent les trois natures de gouvernements. Fletcher va plus loin, jusqu'à comparer certains passages de l'Esprit des lois aux versets d'Isaïe et au vers libre de Whitman. Ainsi, ces alinéas, dont nous remarquions plus haut qu'ils risquent d'éblouir le lecteur, les voici qui « flattent l'oreille ». L'appel musical aide à comprendre l'appel visuel; ni simple contrainte matérielle, ni précaution, ni échec, ce découpage est rythme et poésie.

Faut-il aller plus loin et suivre Fletcher quand il affirme que, si Montesquieu est philosophe par le sujet et le mode d'expression choisis, il est aussi poète et, même plutôt qu'un voyant, un prophète qu'un philosophe? L'attitude poétique de Montesquieu, le critique

---

1. Fletcher : « Poetics of l'Esprit des lois » (Modern Language Review, n° 37, 1942).

américain la trouve partout : dans le traitement des sources qui mêle le réel et l'imaginaire, dans la conception de la totalité du réel comme d'un organisme vivant (le livre premier établissant le principe d'une relation universelle de Dieu à la plante, ce que Fletcher rapproche du panthéisme de Hugo), dans la négligence du facteur temporel, dans la résolution d'apparentes contradictions (qui ferait penser aux démarches des mystiques), dans la vision d'un bien essentiel derrière le mal apparent (III, 7; IX, 7). Outre que certaines de ces affirmations sont bien contestables (temps, panthéisme), on peut se demander si cette thèse ne repose pas sur une distinction un peu simpliste de la science et de la poésie, ou tout au moins sur une extension trop rapide de l'aspect poétique que présente toute découverte scientifique — ou toute construction philosophique, et, de façon générale, toute activité créatrice de l'esprit — à la poésie elle-même. Au compte de Fletcher, les sciences humaines ne sont que poésie; Marx, Freud et Lévi-Strauss, que poètes.

Il faut — contrairement à Fletcher — s'en tenir au langage et au discours. A ce fait que bien des traits (bouleversement de livres et de chapitres, découpage arbitraire, heurt de thèmes) provoquent un brouillage des habitudes de l'expression en prose. La fonction intellectuelle, cognitive, du langage est, dans un ouvrage visant précisément à nous apporter des connaissances nouvelles, non pas ignorée, mais consciemment bafouée. Il est permis de trouver là, confirmé par les autres traits poétiques que nous venons de recenser, un écho de ce qui, pour certains linguistes, distingue le langage poétique, à savoir la position d'un écart par rapport au code ordinaire, écart qui vise à connoter un message affectif[1]. Derrière cet esprit qui veut tout expliquer transparaît en filigrane cette « âme qui se prend à tout », comme le disait Montesquieu lui-même dans une lettre à Maupertuis, et qui laisse échapper comme à regret, vers l'anonymat de la connaissance, le trésor de ses voluptés de lectrice, d'observatrice, de curieuse.

Rhétorique de « l'Esprit des lois ».

Ainsi se constitue une rhétorique de Montesquieu. Il est vite fait d'affirmer que Montesquieu a rejeté la rhétorique classique, sous prétexte qu'il a pris le contrepied de l'éloquence à la façon de Bossuet. L'anti-rhétorique, si l'on veut, de Montesquieu est encore rhétorique — et qui s'inscrit dans les traités spécialisés de l'époque. Pour prendre l'exemple de la célèbre suppression des idées intermédiaires, qu'est-ce sinon une manifestation de cette figure qui se trouve répertoriée sous le nom d'*abruption* (Fontanier, *Commentaire raisonné des « Tropes » de Dumarsais*, 1818)[2] ?

---

1. Jean Cohen, *Structure du langage poétique*, Paris, 1966; 2. Cité par Gérard Genette dans *Figures*, Paris, 1966, page 214.

Il y a figure dans l'écriture classique, écrit Gérard Genette, quand s'ouvre « un hiatus entre le langage réel (celui du poète) et un langage virtuel (celui qu'aurait employé « l'expression simple et commune »). La figure de rhétorique est donc un espace, qui « contient [...] un certain mode de l'éloquence ou de la poésie. L'art de l'écrivain tient à la façon dont il dessine les limites de cet espace, qui est le corps visible de la littérature[1] ». Il est évident qu'il y a de nombreuses figures de rhétorique dans *l'Esprit des lois,* mais surtout l'ouvrage tout entier n'est-il pas une vaste figure de rhétorique originale, par cet écart que Montesquieu instaure entre le contenu scientifique de son livre et le style imagé, abrupt ou sautillant dans lequel il le transcrit ? Rhétorique encore cet écart entre le discours scientifique attendu et ces techniques de présentation qui appartiennent au récit narratif (coupures arbitraires, titres vides ou redondants, etc.), et même (ici l'écart se double, se réfléchit lui-même dans l'ironie) au récit burlesque (que l'on compare, par exemple, avec toutes les précautions d'usage, au roman de Scarron...).

On peut, après Voltaire, après Brunetière, s'agacer de ce parti pris artistique, y voir bel esprit et afféteries. Mais il faut songer qu'à ce prix seulement Montesquieu pouvait, en jouant des normes artistiques de son époque, accroître, comme le dit Brunetière lui-même, « le domaine de la littérature de toute une vaste province de celui de l'érudition[2] ».

PERMANENCE DU DÉSORDRE : LE POLITIQUE

Œuvre de savant et d'artiste, *l'Esprit des lois* réserve un troisième visage, qui vient à la fois compléter et brouiller les deux précédents : c'est celui du partisan politique.

Science et politique.

On a vu que le projet scientifique de Montesquieu pouvait fort bien s'accorder avec une intention politique, plus exactement déboucher sur l'élaboration d'une science politique; le livre XXIX, qui enseigne à bien composer les lois, a parfaitement sa place dans l'ouvrage. En effet, la mise au jour des éléments cachés qui déterminent les lois positives à l'insu des hommes — et qui régissent aussi, par conséquent, leurs transgressions — donne au législateur une plus grande maîtrise. L'analyse du déterminisme ne détruit pas la liberté, mais seulement ses illusions; d'elle va naître un homme politique d'un type nouveau, qui saura qu'il ne peut pas modifier le monde au gré de sa seule volonté, mais par la connaissance exacte du passé et du caché. En ce sens, Montesquieu se pose contre Machiavel; les princes,

---

1. Gérard Genette, *Figures,* pages 207-208; **2.** F. Brunetière, *la Revue des Deux Mondes,* août 1887.

les intrigues, les conquêtes ne sont rien; comptent les peuples, les institutions, les causes extérieures. Lanson a raison de rapprocher de cette attitude la formule de Bacon : « Pour commander à la nature, l'homme doit d'abord s'y soumettre[1]. »

Mais Montesquieu s'en tient-il là? Lanson reconnaît qu'il lui est arrivé de ne pas distinguer les deux étapes nécessaires, celle de la connaissance spéculative et celle de l'application pratique. Mais la confusion semble plus grave. Nous rencontrons souvent dans *l'Esprit des lois* des incitations au devoir, mais ce n'est pas toujours au seul devoir de rechercher les lois des lois positives, c'est encore à celui de conformer nos lois positives à un certain type de lois éternelles; c'est-à-dire que Montesquieu, dont toute l'audace était dans l'application du concept de loi-rapport au domaine politique, réintroduit la loi-commandement. Lanson le laisse bien voir, quand il pose que la pensée de Montesquieu distingue un monde physique, où la nécessité d'un fait implique son existence, et un monde moral, où la nécessité naturelle est souvent contredite par le fait (en l'occurrence la loi positive) et « s'offre comme un idéal à la raison de l'être intelligent ». De ces nécessités naturelles morales, on peut, comme L. Althusser, dresser la liste, à partir du livre premier et de divers autres passages : « Il faut obéir aux lois; il faut vouer de la reconnaissance à son bienfaiteur; il faut obéir à son créateur; on sera puni pour le mal commis. [...] La « nature » nous donne l'idée d'un créateur et nous porte vers lui; elle veut que nous vivions en paix; que nous mangions; que nous soyons inclinés vers l'autre sexe; et désireux de vivre en société. [...] Un père doit à son enfant nourriture, mais pas forcément héritage; un fils soutien à son père s'il est à la rue; la femme doit céder le pas à l'homme dans le ménage; le despotisme, la torture heurtent toujours la nature humaine, et l'esclavage souvent[2]. »

Ainsi reparaît la « voix de la nature ». Il faut reconnaître que sa parole est plus difficile que dans les *Lettres persanes*. On l'entend souvent hésiter entre des objurgations contradictoires. Naturel, peut-être, l'esclavage comme seule législation possible du travail sous des climats torrides? Naturelle, la torture dans certaines circonstances? L'idée est considérée, pour aussitôt se réfuter elle-même : la nature interdit l'esclavage, la torture. Pourtant, l'ambiguïté persiste : la condamnation de l'esclavage n'interdit pas que les derniers chapitres du livre XV organisent sa législation; et l'on peut trouver plus vigoureuse la condamnation de la torture dans le petit livre de Beccaria. Il est du reste un point où un débat analogue aboutit à un compromis peu satisfaisant, c'est au livre XXV le problème de la tolérance : accepter les religions existantes, refuser l'établissement d'une autre,

---

1. G. Lanson, « Déterminisme historique et idéalisme social dans *l'Esprit des lois* » (*Revue de métaphysique et de morale*, 1916); 2. L. Althusser, *Montesquieu, la politique et l'Histoire*, page 34.

c'est un net recul sur la *Lettre persane* 85[1], c'est aussi une vue de l'esprit, comme le souligne Faguet : « On ne reçoit pas une religion nouvelle. C'est quand elle est « établie » qu'on s'aperçoit de sa présence. »

Tout se passe comme si Montesquieu était pris entre deux exigences contradictoires, l'une scientifique, l'autre philosophique. Mais la nature de cette dernière n'est pas indifférente; sans doute, c'est l'idée chère au XVIIIᵉ siècle d'un droit naturel, mais le contenu qu'elle recouvre chez Montesquieu — il suffit, pour s'en convaincre, de relire la liste dressée plus haut — est en somme bien conformiste : « Quelques revendications libérales, d'autres politiques, et de fortes platitudes servant des coutumes bien ancrées », ainsi le définit L. Althusser, qui peut alors se demander s'il n'y a pas là, de la part de Montesquieu, non une confusion, ni une concession, mais une nécessité tactique de la lutte contre Hobbes, et son « système terrible, qui, faisant dépendre tous les vices et toutes les vertus de l'établissement des lois que les hommes se sont faites [...], renverse, comme Spinoza, toute morale et toute religion[2] ». En posant des lois avant les lois positives, Montesquieu se met à l'abri des conséquences de l'impitoyable contrat de soumission d'où Hobbes fait découler tout le droit; mais éluder le contrat, c'est aussi ruiner l'égalitarisme sur lequel il repose, c'est se tourner vers un monde hiérarchisé dans sa structure naturelle, un monde que les théoriciens du contrat — quelles que soient leurs divergences — sont en train de détruire. On est, dans ces conditions, amené à se demander quel idéal politique transparaît dans *l'Esprit des lois,* et dans quelle mesure le politique influe sur le savant.

L'idéal politique de Montesquieu.

L'idéal politique de Montesquieu dans *l'Esprit des lois* est généralement réduit à la fameuse théorie de la « séparation des pouvoirs », et il n'est guère de régime démocratique occidental — fût-il le plus présidentiel — qui ne se soit réclamé de cette doctrine, en l'interprétant plus ou moins hâtivement.

C'est au chapitre 6 du livre XI, à propos de l'analyse de la Constitution anglaise, que Montesquieu donne l'exposé le plus détaillé d'un régime de « séparation » entre les trois pouvoirs : le législatif, l'exécutif et le judiciaire. Pourtant, il ne faut pas réduire la « séparation » des pouvoirs à la seule Constitution anglaise; la fin du livre XI analyse longuement (chapitres 12 à 19) un autre exemple de séparation des pouvoirs, celui de la République romaine. Exemple très intéressant, parce qu'il nous permet de mieux comprendre ce qu'il convient exactement de mettre sous le vocable de « séparation des

---

1. « Aussi a-t-on toujours remarqué qu'une secte nouvelle introduite dans un État était le moyen le plus sûr pour corriger tous les abus de l'ancienne » *(Lettres persanes)* ; 2. Montesquieu, *Défense de « l'Esprit des lois »,* première partie, I : « Réponse à la première objection. »

pouvoirs ». Pour Montesquieu, la réussite de la République romaine tenait en effet à une harmonieuse distribution des trois pouvoirs entre le peuple et le sénat : « A Rome, le peuple ayant la plus grande partie de la puissance législative, une partie de la puissance exécutrice et une partie de la puissance de juger, c'était un grand pouvoir qu'il fallait balancer par un autre. Le sénat avait bien une partie de la puissance exécutrice; il avait quelque branche de la puissance législative, mais cela ne suffisait pas pour contrebalancer le peuple. Il fallait qu'il eût part à la puissance de juger, et il y avait part lorsque les juges étaient choisis parmi les sénateurs. Quand les Gracches privèrent les sénateurs de la puissance de juger, le sénat ne put plus résister au peuple. Ils choquèrent donc la liberté de la constitution pour favoriser la liberté du citoyen; mais celle-ci se perdit avec celle-là » (XI, 18).

On voit que la doctrine de Montesquieu n'impose pas l'attribution de chacun des pouvoirs à une puissance politique distincte, comme on l'a trop souvent cru. Même dans le cas de la Constitution anglaise, où l'on est en présence de trois autorités (le roi, les assemblées, les juges), la répartition n'est pas aussi simple. Ch. Eisenmann a montré qu'entre les trois autorités il n'y a pas de séparation fonctionnelle : le Parlement a part au législatif, mais aussi contrôle l'exécution des lois, et joue un certain rôle juridictionnel; le gouvernement a l'exercice intégral de la fonction exécutive, mais non son exercice souverain, et il participe au pouvoir législatif par la « faculté d'empêcher » (droit de veto); les tribunaux, enfin, sont spécialisés dans la fonction juridictionnelle, mais ne l'exercent pas intégralement (jugement des nobles par leurs pairs). Il n'y a pas plus de séparation personnelle, puisque le gouvernement a le droit de convoquer et de proroger le Parlement, ni de séparation matérielle, puisque les ministres doivent « rendre compte de leur administration » devant le Parlement[1]. Au reste, Montesquieu ne parle jamais de pouvoirs séparés, mais les dit, au contraire, « fondus », « liés »; et, puisque sa préoccupation principale est que « le pouvoir arrête le pouvoir », on peut encore suivre Eisenmann quand il demande : « N'est-ce pas une vérité d'évidence que deux organes ne peuvent s'arrêter l'un l'autre en ce sens — régulièrement s'entend — que si et dans la mesure où ils sont appelés à consentir tous deux, sous une forme quelconque, à une même décision, c'est-à-dire où ils exercent conjointement la même fonction pour le règlement de la même matière, et, cela va de soi, dans la même collectivité? »

Ainsi, la doctrine de la séparation des pouvoirs — à moins que l'on ne préfère substituer à cette expression équivoque celle de distribution des pouvoirs — se ramène avant tout à un non-cumul des trois fonctions dans une seule et même main. Elle peut se définir

---

1. Ch. Eisenmann, « *l'Esprit des lois* et la séparation des pouvoirs » (*Mélanges Carré de Malberg*, Paris, 1933).

comme une indépendance juridique, c'est-à-dire une égalité, entre des pouvoirs qui ne sont pas indépendants de fait; ils n'ont aucune liberté de réaliser leur volonté, mais seulement de proposer, de donner ou de refuser leur adhésion aux propositions des autres. La séparation des pouvoirs nous mène à la notion de « gouvernement modéré », que Montesquieu utilise fréquemment et qu'Eisenmann définit ainsi : « Un gouvernement où l'élaboration de l'ordre social et, plus généralement, la direction de la collectivité, le gouvernement de la société n'appartiendraient pas, en dernier ressort, à un organe simple — corps ou individu —, mais à un organe composé, formé des différents facteurs sociaux auxquels il [Montesquieu] voulait donner le moyen de faire valoir leurs conceptions et leurs intérêts, ou de leurs représentations, et dont les décisions exprimeraient, par conséquent, la volonté commune, et concordante, seraient le fruit de l'accord de ces différents éléments, qui pourraient ainsi se faire mutuellement opposition, se limiter, c'est-à-dire se contraindre les uns les autres sur une ligne moyenne également acceptable pour tous les citoyens, également respectueuse de leurs intérêts. » Transcrite en langage politique, cette définition juridique devient, sous la plume de L. Althusser : « La fameuse séparation des pouvoirs n'est donc que le partage pondéré du pouvoir entre des puissances déterminées : le roi, la noblesse, le « peuple. » Autrement dit encore, et plus crûment, il s'agit de donner, par d'habiles combinaisons, un pouvoir politique égal à des corps sociaux qui ne sont pas nécessairement égaux; il s'agit aussi, éventuellement, d'éliminer du partage, celui, ou ceux, auxquels on ne veut pas donner « le moyen de faire valoir leurs conceptions ou leurs intérêts. »

Qui Montesquieu entend-il avantager? Qui affaiblir? Qui éliminer? La réponse peut venir d'une analyse de l'opposition entre gouvernement modéré et despotisme. Qu'est-ce, en termes de pouvoirs, que ce despotisme, dont Montesquieu a emprunté l'idée aux descripteurs des pays orientaux, mais dont il voit l'ombre planer sur la France? Il y a despotisme quand « le même homme ou le même corps des principaux, ou des nobles, ou du peuple » exerce les trois pouvoirs : alors, en effet, selon une expression familière à Montesquieu, « tout serait perdu »; tout, c'est-à-dire la liberté. Remarquons qu'il s'agit non plus, comme dans la définition théorique du livre II, du seul despotisme d'un homme, mais de celui d'un groupe social. Rien ne permet encore de préciser de quel groupe Montesquieu veut particulièrement se protéger, ou quel groupe il entend particulièrement protéger. Mais tout s'éclaire si, à la suite de L. Althusser, on remarque que deux autres combinaisons de pouvoirs sont absolument exclues : 1° l'usurpation de l'exécutif par le législatif, qui mène au despotisme populaire (XI, 6), alors que l'inverse n'est pas vrai : une monarchie peut rester modérée si le monarque y exerce à la fois l'exécutif et le législatif (XI, 11); 2° l'usurpation du judiciaire par l'exécutif, qui mène au despotisme d'un seul : si le roi jugeait lui-même, « la constitution serait détruite, les pouvoirs intermédiaires dépendants, anéantis » (VI, 5). Ainsi, deux despotismes sont particulièrement craints, celui du peuple et celui du roi; des trois puissances, une est menacée et doit être protégée, la noblesse; Louis XIII, au même chapitre 5 du livre VI, se voit reprocher d'avoir voulu juger un gentilhomme, le duc de La Valette, tandis qu'un des titres de gloire de la Constitution anglaise est de faire juger les nobles par leurs pairs. On est alors tenté de penser que, pour Montesquieu, la pierre de touche du despotisme est l'asservissement, non pas de tous, mais des nobles; c'est bien ce que déclare en toutes lettres le chapitre 9 du livre III : « Il faut [dans un gouvernement despotique] que le peuple soit jugé par les lois, et les grands par la fantaisie du prince; que la tête du dernier sujet soit en sûreté, et celle des bachas toujours exposée »; et Montesquieu d'ajouter aussitôt : « On ne peut parler sans frémir de ces gouvernements monstrueux! » Nous avons à ce compte connu des régimes bien plus monstrueux, où le moindre citoyen, au fond de sa demeure, avait tout à craindre, même de ses enfants; mais l'effroi qui nous étreint devant les scènes de *Grand-Peur et misères du IIIe Reich* est celui d'esprits façonnés par la démocratie; le frémissement de Montesquieu devant les malheurs des bachas est celui d'un aristocrate encore plein des souvenirs de la féodalité.

De la séparation des pouvoirs aux derniers livres de *l'Esprit des lois* — XXVIII, XXX, XXXI —, ceux qui traitent des origines de la monarchie française, un lien étroit se trame aussitôt, un fil politique qui court parallèlement au fil scientifique que nous avons suivi tout au long de l'œuvre : c'est « dans les bois » que les Anglais ont trouvé leur « beau système », c'est des Germains qu'ils l'ont reçu, comme la France en a reçu le gouvernement gothique, « la meilleure espèce de gouvernement que les hommes aient pu imaginer » (XI, 8). Déclarations qui ont prêté le flanc aux ironies voltairiennes[1], mais qui nous permettent de confronter avec précision l'idéal politique de Montesquieu et l'histoire. Montesquieu ne songe pas à introduire le système anglais en France : monarchies anglaise et française sont deux branches issues du même arbre germanique; si la monarchie anglaise a pris la forme d'un régime représentatif, la monarchie française est devenue une monarchie tempérée par des corps intermédiaires, avant de sombrer dans un pré-despotisme inquiétant; l'exemple anglais doit donc non pas être imposé à la France (la contradiction serait trop flagrante avec la « science politique » qu'a voulu édifier Montesquieu, et un esprit de son envergure ne saurait tomber dans une telle erreur), mais inciter la monarchie française à un retour à ses formes propres, telles qu'elles se sont modelées

---

1. « Est-il possible qu'en effet la Chambre des pairs, celle des communes, la cour d'Équité, la cour de l'Amirauté viennent de la Forêt-Noire? [...] Les manufactures de drap d'Angleterre n'ont-elles pas été trouvées aussi dans les bois où les Germains aimaient mieux vivre de rapine que de travailler, comme le dit Tacite? » (Voltaire, *Commentaire de « l'Esprit des lois »*). Voir, sur ce problème, les *Lettres anglaises*, IX.

au Moyen Age. C'est vers les XIVᵉ et XVᵉ siècles que Montesquieu situe l'apogée du gouvernement gothique : « La coutume vint d'accorder des lettres d'affranchissement; et bientôt la liberté civile du peuple, les prérogatives de la noblesse et du clergé, la puissance des rois se trouvèrent dans un tel concert, que je ne crois pas qu'il y ait eu sur la terre de gouvernement si bien tempéré que le fut celui de chaque partie de l'Europe dans le temps qu'il y subsista » (XI, 8). La monarchie des temps modernes, où, comme beaucoup de ses contemporains, il voit une alliance du monarque et de la bourgeoisie contre la noblesse, amorce le tournant vers le despotisme. Quand, dans les derniers livres, il intervient dans la querelle des romanistes et des germanistes, c'est, sinon pour se ranger sans réserve aux côtés de Boulainvilliers, du moins pour fustiger âprement l'abbé Dubos[1]. L'étude des lois féodales a pour fin de montrer que la noblesse est antérieure à la monarchie, que ses droits et privilèges sont donc parfaitement fondés, que, loin d'être usurpés, ils ont, au contraire, été injustement restreints par la monarchie.

Et nous voici ramenés, au terme de cet itinéraire politique dans *l'Esprit des lois*, aux tout premiers livres, au livre II, en particulier, et à sa classification des gouvernements. Pourquoi Montesquieu tient-il tant à établir une différence de nature entre monarchie et despotisme, alors que ses contemporains ne voient le plus souvent dans celui-ci qu'un abus de celle-là ? Pourquoi donne-t-il un statut théorique, une essence éternelle, une nécessité à un régime qu'il abomine ? C'est qu'il entend par monarchie la seule monarchie gothique, et qu'il veut scientifiquement prouver que l'évolution de la monarchie française est proprement contre nature, puisque aucune cause extérieure ne justifie l'instauration du despotisme en France. Mais ne peut-on alors soupçonner les déterminations scientifiques du despotisme et de la monarchie d'être choisies — plus ou moins consciemment — en fonction de l'intérêt politique de Montesquieu ?

Lanson, dans l'article cité plus haut, reconnaissait que, contrairement à ce qu'il avait longtemps cru, « la déduction, dans *l'Esprit des lois*, n'est le plus souvent qu'une induction masquée ». Il prenait l'exemple du chapitre 9 du livre V : Montesquieu prétend y déduire du principe monarchique un certain nombre de conséquences nécessaires, que la monarchie française a effectivement réalisées : hérédité de la noblesse, retrait lignager, substitution, etc.; mais les deux derniers paragraphes posent, à propos du commerce et des impôts, des règles contraires à celles qui sont observées par la même monarchie française. Si les déductions des neuf premiers paragraphes sont des inductions masquées, les observations faites sur le commerce et les impôts dans la monarchie française sont rejetées — au nom de quel critère ? — du modèle théorique de la monarchie; il est pour le moins inquiétant que ce modèle ne soit pas construit à partir de toutes

---

1. Voir la Documentation thématique, tome I.

les données fournies par l'observation. Ce n'est pas seulement une hésitation entre conservatisme et réformisme, ni une confusion entre connaissance scientifique et application pratique que l'on voit apparaître ici, mais une contamination du projet scientifique, dans son origine même, par un projet politique premier. On croit voir sur ces points le savant se mettre au service du politique, et l'on entend sans surprise le célèbre jugement d'Helvétius : « Avec le genre d'esprit de Montaigne, il a conservé ses préjugés d'homme de robe et de gentilhomme. »

UNE FORTUNE CONFUSE

Sans doute, il faut se défier de toute sévérité excessive et immodeste. E. Carcassonne, sans nier la part des préjugés dans la réflexion de Montesquieu, sans attacher trop de valeur à l'illusion d'un gouvernement gothique, souligne pourtant — répondant à Helvétius — que c'est « l'illusion d'un grand esprit, chez qui le préjugé même compose avec la raison[1] ». Honnête est le désir de Montesquieu d'assurer la plus grande liberté; honnêtement, il a cru que seule l'incarnation de la loi dans les pouvoirs intermédiaires assurerait cette liberté; honnêtement, il a vu dans les privilégiés les tribuns du peuple à l'intérieur d'une monarchie irriguée par la liberté.

Il n'en reste pas moins que cette attitude voue Montesquieu à une place assez particulière au sein du XVIII⁰ siècle. Par bien des côtés, il se rattache à l'esprit des Lumières : il défend la liberté, la tolérance, condamne les pratiques trop injustes ou arbitraires, cherche le bien des hommes, pose un regard intéressé sur les mondes neufs. Mais il est aussi au-delà et en deçà à la fois de ces positions moyennes du XVIII⁰ siècle. Au-delà, parce qu'il pose les premières règles d'une étude scientifique des faits sociaux; au-delà aussi, en ceci qu'il ne se laisse pas prendre à certains mirages de ce siècle de raison, comme celui du despote éclairé. En deçà, parce qu'il rêve de remonter l'histoire à contre-courant; en deçà, parce qu'il reste attaché à des coutumes (privilèges, vénalité des charges) dont seule la destruction pourra ouvrir les portes d'un monde nouveau et moins mauvais. Ainsi, le même homme qui a l'audace de traiter la religion comme un fait social maintient les tribunaux ecclésiastiques et limite la tolérance; le même homme qui organise minutieusement la liberté ne la fonde que sur la négation de l'égalité; le même homme qui accorde aux phénomènes matériels une place si importante dans la vie sociale se retranche derrière des « lois éternelles », plates et épuisées.

Pareil ouvrage attirait sur son destin le paradoxe. Si, comme le croit Carcassonne, la pensée dernière de Montesquieu est le retour à la monarchie des états généraux, ceux qui ont clos le siècle ont

1. E. Carcassonne, *Montesquieu et le problème de la Constitution française au XVIII⁰ siècle*, Paris, 1927.

vite ouvert la voie aux thèses rousseauistes et renoncé aux savants équilibres de *l'Esprit des lois;* et pourtant, on a pu entendre dans la bouche de Marat un vibrant éloge de Montesquieu[1]! Inversement, les nobles qu'il avait tant cherché à préserver avaient applaudi aux critiques mordantes de Figaro et se hâtaient de se libérer de leur mauvaise conscience en même temps que de leurs privilèges. Résumant ces contradictions, L. Althusser écrit : « Cet opposant de droite a servi dans la suite du siècle tous les opposants de gauche, avant de donner des armes dans l'avenir de l'histoire à tous les réactionnaires[2]. » Pour Althusser, la raison profonde en est dans l'erreur politique de Montesquieu, qui n'a pas vu que « la monarchie absolue n'est que la nouvelle forme politique requise pour maintenir la domination et l'exploitation féodales dans la période du développement de l'économie marchande[3] ». Montesquieu est hanté par l'idée d'une conjuration de la bourgeoisie et du monarque contre la noblesse, alors que la bourgeoisie marchande du XVIIIᵉ siècle ne rêvait que de s'intégrer à la noblesse et à l'ordre féodal, et que le monarque se faisait le défenseur de cet ordre, « jusques et y compris contre les protestations des féodaux individuels attardés dans leur nostalgie et leur aveuglement[4] ». De cela, les travaux de l'historien B. F. Porchnev fournissent la preuve : devant les jacqueries, les soulèvements de la misère et de la faim, dans les campagnes et dans les villes, l'appareil d'Etat, aux mains du monarque, se fait le puissant auxiliaire de la bourgeoisie et de la noblesse[5]. Montesquieu, si habile d'ordinaire à découvrir l'invisible sous le visible, se laisse ici masquer le réel : le réel n'est pas le conflit politique et idéologique des trois puissances qu'il cherche à accorder, le réel est l'antagonisme fondamental qui oppose « le régime féodal aux masses soumises à son exploitation », c'est-à-dire ces trois puissances à une quatrième qui n'est jamais nommée dans *l'Esprit des lois* que pour être aussitôt rejetée, ce « bas peuple » que Montesquieu fait pudiquement avorter à la vie politique, et dont l'irruption brutale viendra bousculer ses subtils dosages. Mais Montesquieu aura lui-même aidé à cette irruption en sapant la barrière de la monarchie absolue, dont il n'a pas su voir quelle protection elle lui apportait.

Ces contradictions du politique, aggravées des conflits du politique et du savant, compliquées des recherches de l'artiste, ont valu à l'œuvre une fortune confuse. Elle semble condamnée à n'être jamais estimée dans son ensemble : Helvétius en donne déjà l'exemple, qui,

---

1. Confondant monarchie et despotisme, Marat s'écrie : « Ah! Messieurs, peut-on croire que Montesquieu ait jamais eu dessein de perpétuer ce gouvernement odieux, lui qui n'en parlait point sans frémir. Rendons justice à sa belle âme; le tableau qu'il en fait en est la plus cruelle satire. Sans doute c'était travailler à l'anéantir, que faire voir ce qu'il faut faire pour le conserver » (cité par Jean Starobinski, *Montesquieu par lui-même,* Paris, 1953, page 188); 2. L. Althusser, *Montesquieu, la politique et l'Histoire,* page 115; 3. L. Althusser, *Montesquieu, la politique et l'Histoire,* page 111; 4. L. Althusser, *Montesquieu, la politique et l'Histoire,* page 112; 5. B. F. Porchnev, *les Soulèvements populaires avant la Fronde,* etc., Moscou, 1940-1948.

sensible à la leçon politique des *Lettres persanes*, n'en voit guère la grande portée scientifique et a bien tort de ramener aussi rapidement — quelque affinité que présentent les deux Bordelais — le « genre d'esprit » de Montesquieu à celui de Montaigne! De nos jours encore, quelques pages vigoureuses dans la veine de *l'Esprit des lois*, quelques passages tenus pour pré-scientifiques et considérés avec un mélange de respect et d'ironie, quelques expressions mal entendues et vite transformées en slogans électoraux, voilà trop souvent à quoi se réduit l'héritage de l'œuvre. Les spécialistes mêmes ont peine à la sauver, car elle se partage et se perd entre trop de disciplines : littérature, droit, sociologie, histoire, économie, etc. Montesquieu, l'inventeur des voies nouvelles de la connaissance des hommes, paie ce prix — d'avoir, selon la formule d'Élie Carcassonne, plus de succès que d'influence — au désordre, volontaire et involontaire, qu'il a laissé vivre dans l'ordre même de son grand ouvrage.

LE PLAN DE « L'ESPRIT DES LOIS »

Le premier à avoir cherché un ordre dans *l'Esprit des lois* est **d'Alembert.** Analysant l'ouvrage dans son *Eloge de M. de Montesquieu*, il y distingue successivement :

— Définition de la loi, des trois gouvernements, de la nature et du principe (livres I-III);

— Étude de chaque gouvernement en particulier, des points de vue de l'éducation, des lois, des peines (IV-VIII);

— Étude des gouvernements « dans le rapport qu'ils peuvent avoir les uns aux autres, mais seulement sous le point de vue le plus général, c'est-à-dire sous celui qui est uniquement relatif à leur nature et à leur principe » (IX-X);

— Ce qui doit être commun aux différents gouvernements : la liberté politique, envisagée :

a) dans son rapport à la constitution (XI);

b) par rapport au citoyen (XII-XIII);

— Les circonstances particulières indépendantes de la nature du gouvernement et qui doivent en modifier les lois :

a) le climat, d'où l'esclavage civil, la servitude domestique, la servitude politique (XIV-XVII);

b) le terrain (XVIII);

c) le génie particulier de la nation (XIX);

— « L'auteur revient de nouveau à considérer les États les uns par rapport aux autres », c'est-à-dire « ici par rapport aux secours mutuels qu'ils peuvent se donner » : commerce, monnaie, population et nombre des habitants (qui « ont avec le commerce un rapport immédiat »), mariages, qui ont pour objet la population (d'où continence publique, hôpitaux, etc.) [XX-XXIII];

— Après les lois humaines, l'auteur « passe maintenant à celles de la religion » (XXIV-XXV);

— « Enfin, après avoir traité en particulier des différentes espèces de lois que les hommes peuvent avoir, il ne reste plus qu'à les comparer toutes ensemble et à les examiner dans leur rapport avec les choses sur lesquelles elles statuent » (XXVI et XXIX); et Montesquieu prend des exemples, chez les Romains (XXVII) et chez les Français, s'étendant « principalement sur les lois féodales, cette espèce de gouvernement inconnu à toute l'Antiquité, qui le sera peut-être pour toujours aux siècles futurs, et qui a fait tant de bien et tant de mal » (XXVIII, XXX-XXXI).

⁎
⁎

Barckhausen, dans un article publié en 1898 par la *Revue du droit public et de la science politique*, élimine d'abord les parties de l'œuvre que l'auteur lui-même a données pour des additions et des illustrations, c'est-à-dire les livres XXVII-XXVIII, XXX-XXXI; il pose que l'objet du livre, établi dès le livre premier, est la conservation des sociétés civiles et en tire le plan suivant :

I° *Conditions de la conservation des sociétés civiles* (II-XXV).

a) Conditions directes, ou préservation des éléments constitutifs de toute société civile (II-XIII) :

Préservation des éléments	uniques	élément personnel	gouvernement (II-VIII)
		élément réel	territoire (IX-X)
	multiples	élément personnel	citoyens (XI-XII)
		élément réel	patrimoines (XIII)

b) Conditions indirectes, ou relation de chaque société civile avec les agents extérieurs (XIV-XXV) :

Relation avec les	milieux particuliers à chaque société	physiques	cosmique : climat (XIV-XVII)
			foncier : terrain (XVIII)
		moral	esprit général (XIX)
	sociétés en général	sociétés semblables	transactions commerciales (XX-XXII)
		sociétés dissemblables	société familiale : sources de population (XXIII)
			société religieuse : principes de moralité (XXIV-XXV)

2° *Application des conditions de conservation des sociétés civiles.*

    a) Choix des conditions applicables à chaque ordre de choses (XXVI);

    b) Mode d'application de ces conditions (XXIX).

⁎

Lanson, dans un article de la *Revue de métaphysique et de morale,* en 1896, avait établi un plan qui tint compte de la totalité de l'œuvre :

Introduction : la notion de loi; existence d'une raison ordonnatrice de l'univers et de rapports naturels de justice antérieurs aux lois positives (I).

1° *Les choses en soi* (II-XIII).

    a) Nature et principe des gouvernements (II-III);

    b) Rapports, avec natures et principes, des différentes notions générales qui se découvrent aisément dans l'idée d'une société politique : pouvoir et sujets, éducation des enfants, condition des femmes, jugements et peines, force offensive et défensive, impôts, puissances judiciaire, législative, exécutive (IV-XIII).

2° *Variations dans l'espace* (XIV-XXV), commandées par le climat (XIV), qui agit sur l'esclavage (XV-XVII), la nature du sol (XVIII), l'esprit et les mœurs d'une nation (XIX), le commerce (XX-XXI), la monnaie (XXII), la population (XXIII), la religion (XXIV-XXV).

3° *Variations dans le temps,* pour montrer sur trois exemples, un problème de droit romain et deux de droit barbare et féodal, que la succession et la transformation des lois s'opéraient nécessairement selon les règles posées plus haut (XXVI-XXXI).

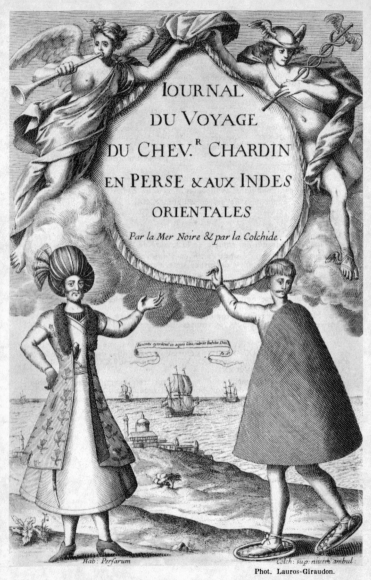

PAGE DE TITRE DU « JOURNAL DU VOYAGE
DU CHEVALIER CHARDIN », ÉDITION DE 1686

PRÉFACE

Si dans le nombre infini de choses qui sont dans ce livre, il y en avait quelqu'une qui, contre mon attente, pût offenser, il n'y en a pas du moins qui y ait été mise avec mauvaise intention. Je n'ai point naturellement l'esprit désapprobateur. Pla-
5 ton remerciait le ciel de ce qu'il était né du temps de Socrate; et moi, je lui rends grâces de ce qu'il m'a fait naître dans le gouvernement où je vis, et de ce qu'il a voulu que j'obéisse à ceux qu'il m'a fait aimer.

Je demande une grâce que je crains qu'on ne m'accorde
10 pas : c'est de ne pas juger, par la lecture d'un moment, d'un travail de vingt années; d'approuver ou de condamner le livre entier, et non pas quelques phrases. Si l'on veut chercher le dessein de l'auteur, on ne le peut bien découvrir que dans le dessein de l'ouvrage. (1)

15 J'ai d'abord examiné les hommes, et j'ai cru[1] que, dans cette infinie diversité de lois et de mœurs, ils n'étaient pas uniquement conduits par leurs fantaisies.

J'ai posé les principes, et j'ai vu les cas particuliers s'y plier comme d'eux-mêmes; les histoires de toutes les nations n'en
20 être que les suites; et chaque loi particulière liée avec une autre loi, ou dépendre d'une autre plus générale.

Quand j'ai été rappelé à l'antiquité, j'ai cherché à en prendre l'esprit, pour ne pas regarder comme semblables des cas réellement différents; et ne pas manquer les différences de ceux qui
25 paraissent semblables[2].

---

1. *J'ai cru* : j'ai été persuadé (sens fort); 2. Voir les titres de chapitres du livre XXIX : *Que les lois qui paraissent les mêmes n'ont pas toujours le même effet* (chap. 6); *Que les lois qui paraissent les mêmes n'ont pas toujours eu le même motif* (chap. 8). Voir aussi les reproches faits à l'abbé Dubos : « Transporter dans les siècles reculés toutes les idées du siècle où l'on vit, c'est des sources de l'erreur celle qui est la plus féconde » (XXX, 14), et les ébauches de psychologie historique à propos de la mentalité médiévale (XXVIII, 17, 20, 22). A rapprocher de l'esprit de certaines recherches modernes (Lucien Febvre, J.-P. Vernant, M. Foucault, etc.).

QUESTIONS

1. Ce préambule vous paraît-il uniquement dicté par la prudence? Relevez dans la suite de cette Préface des passages qui expriment en particulier la même volonté d'intégrer le détail dans un ensemble signifiant.

Je n'ai point tiré mes principes de mes préjugés, mais de la nature des choses. **(2)**

Ici, bien des vérités ne se feront sentir qu'après qu'on aura vu la chaîne qui les lie à d'autres. Plus on réfléchira sur les
30 détails, plus on sentira la certitude des principes. Ces détails mêmes, je ne les ai pas tous donnés : car, qui pourrait dire tout sans un mortel ennui?

On ne trouvera point ici ces traits saillants qui semblent caractériser les ouvrages d'aujourd'hui[1]. Pour peu qu'on voie
35 les choses avec une certaine étendue, les saillies s'évanouissent; elles ne naissent d'ordinaire que parce que l'esprit se jette tout d'un côté, et abandonne tous les autres[2].

Je n'écris point pour censurer ce qui est établi dans quelque pays que ce soit. Chaque nation trouvera ici les raisons de
40 ses maximes; et on en tirera naturellement cette conséquence, qu'il n'appartient de proposer des changements qu'à ceux qui sont assez heureusement nés pour pénétrer d'un coup de génie toute la constitution d'un État.

Il n'est pas indifférent que le peuple soit éclairé. Les préju-
45 gés des magistrats ont commencé par être les préjugés de la nation. Dans un temps d'ignorance on n'a aucun doute, même lorsqu'on fait les plus grands maux; dans un temps de lumière, on tremble encore lorsqu'on fait les plus grands biens. On sent les abus anciens, on en voit la correction; mais on voit encore
50 les abus de la correction même. On laisse le mal, si l'on craint le pire; on laisse le bien, si on est en doute du mieux. On ne

---

1. Montesquieu ne veut sans doute pas désigner par là des traits d'esprit piquants, mais des idées bizarres, originales, qui frappent le lecteur par leur audace; il vise Voltaire, Bayle, Fontenelle; 2. « Quand j'arrive dans une ville, je vais toujours sur le plus haut clocher ou la plus haute tour, pour voir le tout ensemble » *(Journal de voyage)*.

─────── **QUESTIONS** ───────

2. Exposez les différentes étapes de la démarche suivie par Montesquieu; quelle est la science dont la méthode vous semble la plus voisine? — A quelles autres entreprises Montesquieu veut-il opposer la sienne en soulignant (§ 3) qu'il a, en premier lieu, examiné les hommes? Quelle idée intermédiaire est omise entre les deux premières propositions de ce paragraphe 3? — Que représentent les *principes* par rapport aux lois positives? et par rapport à la nature des choses (§ 6)? — Montesquieu établit-il un départ suffisamment net entre *fantaisies* et *principes?* — Quel rôle Montesquieu assigne-t-il à l'histoire d'après le paragraphe 4? En fait-il une science indépendante? — Dégagez l'importance de l'attitude décrite par le paragraphe 5 (voir note 2, p. 47).

regarde les parties que pour juger du tout ensemble; on examine toutes les causes pour voir tous les résultats. (3)

55 Si je pouvais faire en sorte que tout le monde eût de nouvelles raisons pour aimer ses devoirs, son prince, sa patrie,
ses lois; qu'on pût mieux sentir son bonheur dans chaque pays,
dans chaque gouvernement, dans chaque poste où l'on se
trouve, je me croirais le plus heureux des mortels.

60 Si je pouvais faire en sorte que ceux qui commandent aug-
mentassent leurs connaissances sur ce qu'ils doivent prescrire,
et que ceux qui obéissent trouvassent un nouveau plaisir à
obéir, je me croirais le plus heureux des mortels.

Je me croirais le plus heureux des mortels, si je pouvais
faire que les hommes pussent se guérir de leurs préjugés.
65 J'appelle ici préjugés, non pas ce qui fait qu'on ignore de
certaines choses, mais ce qui fait qu'on s'ignore soi-même.

C'est en cherchant à instruire les hommes, que l'on peut
pratiquer cette vertu générale qui comprend l'amour de tous.
L'homme, cet être flexible, se pliant, dans la société, aux pen-
70 sées et aux impressions des autres, est également capable de
connaître sa propre nature lorsqu'on la lui montre, et d'en
perdre jusqu'au sentiment lorsqu'on la lui dérobe. (4)

J'ai bien des fois commencé, et bien des fois abandonné
cet ouvrage; j'ai mille fois envoyé aux vents les feuilles que
75 j'avais écrites; je sentais tous les jours les mains paternelles
tomber[1]; je suivais mon objet sans former de dessein; je ne

---

1. Souvenir de Virgile évoquant Dédale, que la douleur empêche de représenter
dans une sculpture l'aventure de son fils Icare : *Bis patriae occidere manus.* « Deux
fois les mains paternelles tombèrent » (*l'Enéide*, VI, 33).

————— QUESTIONS —————

3. Science et réformisme : montrez que Montesquieu, tout en opposant le savant objectif qu'il est aux réformistes aux « traits saillants »,
se réserve finalement le droit de regard politique. Dans quelle intention?
Montrez que dans le paragraphe 10 la volonté d'éclairer le peuple repose
sur un profond conservatisme. Rapprochez la dernière phrase du paragraphe 10 du livre XXIX, chapitres 11 et 18, et des commentaires de
Condorcet. — Étudiez le jeu des parallélismes dans ce dernier paragraphe.

4. Relevez les traits de style qui donnent aux paragraphes 11-13 un
ton que l'on pourrait qualifier de « lyrique » (anaphore, répétitions, inver-
sions, rythme, etc.). Montrez la rupture brutale qui s'opère dans le paragraphe 13; quel souci esthétique de Montesquieu traduit-elle? — Sur
quoi se fonde ce « lyrisme » : sur « l'amour de tous » (§ 14)? Que peut
recouvrir, d'après ce passage, ce sentiment : l'amour de la vie? l'amour
de soi? l'amour de l'ordre?

connaissais ni les règles ni les exceptions; je ne trouvais la vérité que pour la perdre. Mais, quand j'ai découvert mes principes, tout ce que je cherchais est venu à moi; et, dans le
80 cours de vingt années, j'ai vu mon ouvrage commencer, croître, s'avancer et finir. **(5)**

Si cet ouvrage a du succès, je le devrai beaucoup à la majesté de mon sujet; cependant je ne crois pas avoir totalement manqué de génie. Quand j'ai vu ce que tant de grands hommes, en
85 France, en Angleterre et en Allemagne[1], ont écrit avant moi, j'ai été dans l'admiration; mais je n'ai point perdu le courage : « Et moi aussi, je suis peintre », ai-je dit avec le Corrège[2]. **(6)**

---

1. Montesquieu oublie de citer les Italiens (Machiavel) et les Anciens (Platon, Aristote). Il pense surtout à Grotius, Pufendorf, Locke, Hobbes; 2. Mot attribué au Corrège (1494-1534) devant un tableau de Raphaël.

─────── **QUESTIONS** ───────

5. Étudiez le contraste rythmique entre les deux phrases du paragraphe et dégagez sa valeur expressive. — Montrez que, d'après ce passage, le *travail de vingt années* dont parle Montesquieu (§ 2) ne représente que la mise en ordre de la documentation, une fois trouvés les principes; quelles inquiétudes peut faire naître ce passage?

6. Sur l'ensemble de la préface. — Définissez clairement l'objet de Montesquieu et appréciez sa méthode. Cette Préface laisse-t-elle présumer une intention purement scientifique?

— Relevez tous les traits qui trahissent l'horreur du pédantisme? La clarté ne risque-t-elle pas d'y perdre? Un ouvrage moderne sur un sujet aussi ample se contenterait-il d'une déclaration méthodologique aussi brève?

— Quels traits de sa personnalité Montesquieu laisse-t-il apparaître derrière cette page?

DE L'ESPRIT DES LOIS

LIVRE PREMIER

DES LOIS EN GÉNÉRAL

Montesquieu examine d'abord les lois comme des rapports nécessaires, puis distingue lois naturelles et lois positives.
— Les lois naturelles sont la conservation de l'être, la recherche
de la nourriture, le désir sexuel et le désir de vivre en société;
— Les lois positives naissent de la nécessité de régler les conflits
entre hommes et entre sociétés; elles constituent le droit des gens
(rapports entre les sociétés), le droit politique (rapports entre les
gouvernants et les gouvernés), le droit civil (rapports des citoyens
entre eux). L'ouvrage se propose d'étudier les rapports que les lois
présentent « avec diverses choses » : nature et principe du gouvernement, « physique du pays », autres lois.

1. DES LOIS DANS LE RAPPORT
QU'ELLES ONT AVEC LES DIVERS ÊTRES

Les lois, dans la signification la plus étendue, sont les rapports nécessaires qui dérivent de la nature des choses[1] : et,
dans ce sens, tous les êtres ont leurs lois; la Divinité a ses lois;
le monde matériel a ses lois; les intelligences supérieures à
5 l'homme ont leurs lois; les bêtes ont leurs lois; l'homme a
ses lois. (1)

---

1. On a rapproché cette définition d'une phrase d'un philosophe anglais disciple
de Newton, Clarke (1675-1729) : « La notion du bien se résout dans l'idée des rapports réels et immuables qui existent entre les choses, en vertu de leur nature. »
Voir aussi la définition de la justice que donne Montesquieu dans les *Lettres
persanes*, 83.

--- **QUESTIONS** ---

1. Cette définition de la loi a suscité bien des commentaires; ainsi
Destutt de Tracy écrit que « la loi n'est pas un rapport, et un rapport
n'est pas une loi », parce que la loi implique une autorité positive; dégagez le sens originel et cherchez-en des illustrations (Spinoza : « Communément, on n'entend pas par là autre chose qu'un commandement. »)
— Dans quel domaine le mot a-t-il pu prendre d'abord le sens de « rapport »? — Quelle intention traduisent les expressions *dans la signification
la plus étendue, dans ce sens?* Montrez la hardiesse de Montesquieu et,
en particulier, qu'une telle définition implique le souci de ne s'intéresser
qu'aux faits, et non à ce qui doit être.

Ceux qui ont dit qu'*une fatalité aveugle a produit tous les effets que nous voyons dans le monde*[1], ont dit une grande absurdité; car quelle plus grande absurdité qu'une fatalité aveugle
10 qui aurait produit des êtres intelligents[2]?

Il y a donc une raison primitive; et les lois sont les rapports qui se trouvent entre elle et les différents êtres, et les rapports de ces divers êtres entre eux. **(2)**

Dieu a du rapport avec l'univers, comme créateur et comme
15 conservateur : les lois selon lesquelles il a créé sont celles selon lesquelles il conserve. Il agit selon ces règles, parce qu'il les connaît; il les connaît parce qu'il les a faites; il les a faites, parce qu'elles ont du rapport avec sa sagesse et sa puissance.

Comme nous voyons que le monde, formé par le mouve-
20 ment de la matière, et privé d'intelligence, subsiste toujours, il faut que ses mouvements aient des lois invariables; et, si l'on pouvait imaginer un autre monde que celui-ci, il aurait des règles constantes, ou il serait détruit.

Ainsi la création, qui paraît être un acte arbitraire, suppose
25 des règles aussi invariables que la fatalité des athées. Il serait absurde de dire que le Créateur, sans ces règles, pourrait gouverner le monde, puisque le monde ne subsisterait pas sans elles[3].

---

1. On peut penser à certaines affirmations de stoïciens, qui voyaient le monde gouverné par le feu, l'éther ou le soleil; mais Zénon précise à plusieurs reprises que le monde est doué de raison, ce qui ne convient pas à une « fatalité aveugle ». En fait, Montesquieu, dans sa *Défense*, affirme qu'il vise Hobbes, « qui, faisant dépendre toutes les vertus et tous les vices de l'établissement des lois que les hommes se sont faites, et voulant prouver que les hommes naissent en état de guerre, et que la première loi naturelle est la guerre de tous contre tous, renverse, comme Spinoza, et toute religion, et toute morale ». Pour Spinoza, « tout ce qui est, est en Dieu »; « Dieu [...] existe nécessairement »; et « il n'est rien donné de contingent dans la nature, mais tout y est déterminé par la nécessité de la nature divine à exister et à produire quelque effet d'une certaine manière »; 2. Bossuet présente le même argument en faveur de la Providence; 3. Montesquieu se défend d'admettre pour autant la fatalité des athées. Il écrit, parlant de lui-même : « Il ne parle point des causes, et il ne compare point les causes; mais il parle des effets, et il compare les effets. »

--- **QUESTIONS** ---

2. Montrez que l'enchaînement entre le premier et le deuxième paragraphe se fait par l'opposition entre la nécessité et la fatalité. Montrez que l'argument de Montesquieu réplique plus à la cécité de la fatalité qu'à l'idée de fatalité elle-même. L'hypothèse d'une « fatalité » raisonnable est-elle exclue? — En quoi le paragraphe 3 introduit-il une ambiguïté dans le concept de loi? Les rapports raison-êtres et êtres-êtres sont-ils équivalents? L'idée de loi-commandement ne risque-t-elle pas d'être réintroduite?

Ces règles sont un rapport constamment établi. Entre un
30 corps mû et un autre corps mû, c'est suivant les rapports de
la masse et de la vitesse que tous les mouvements sont reçus,
augmentés, diminués, perdus; chaque diversité est *uniformité*,
chaque changement est *constance*[1]. **(3)**

Les êtres particuliers intelligents peuvent avoir des lois qu'ils
35 ont faites; mais ils en ont aussi qu'ils n'ont pas faites. Avant
qu'il y eût des êtres intelligents, ils étaient possibles; ils avaient
donc des rapports possibles, et par conséquent des lois possibles. Avant qu'il y eût des lois faites, il y avait des rapports
de justice possibles[2]. Dire[3] qu'il n'y a rien de juste ni d'injuste
40 que ce qu'ordonnent ou défendent les lois positives[4], c'est dire
qu'avant qu'on eût tracé de cercle, tous les rayons n'étaient
pas égaux.

Il faut donc avouer des rapports d'équité antérieurs à la
loi positive qui les établit : comme, par exemple, que, supposé

---

1. Descartes a montré que la quantité de mouvement d'un corps peut changer
quand il rencontre un autre corps, mais que la somme des quantités de mouvement
des divers corps qui composent l'univers demeure invariable; **2.** « Voilà, Rhédi,
ce qui m'a fait penser que la justice est éternelle, et ne dépend point des conventions
humaines. Et quand elle en dépendrait, ce serait une vérité terrible qu'il faudrait
se dérober à soi-même » (*Lettres persanes*, 83); **3.** Le manuscrit porte : « Dire avec
Hobbes... » (voir note 1, p. 52); **4.** *Lois positives :* lois écrites, par opposition
aux lois naturelles.

━━━━━━━━ **QUESTIONS** ━━━━━━━━

3. Comparez le paragraphe 4 avec la preuve traditionnelle de Dieu
par la finalité. (Newton : « Avoir comparé et accordé toutes ces choses
[les planètes] ensemble dans un système qui embrasse une si prodigieuse
variété de corps, cela témoigne d'une cause qui n'est ni aveugle ni for-
tuite, mais qui est assurément très habile en mécanique et en géométrie. »)
Montrez qu'il s'agit pour Montesquieu non de prouver Dieu par des
lois, mais les lois par Dieu. — Figurez sous forme de schéma les rapports entre Dieu, la raison primitive, les lois, l'univers. — Montrez que
le raisonnement des paragraphes 4-7 repose sur l'identité des lois de
création et des lois de conservation de l'univers; comparez, sur ce
sujet, ces deux textes de Descartes : « Vous demandez aussi qui a nécessité Dieu à créer ces vérités [les vérités éternelles], écrit-il au père Mer-
senne (27 mai 1630); et je dis qu'il a été aussi libre de faire qu'il ne fût
pas vrai que toutes les lignes tirées du centre à la circonférence fussent
égales, comme de ne pas créer le monde. Et il est certain que ces vérités
ne sont pas plus nécessairement conjointes à son essence que les autres
créatures. » Et à la princesse Élisabeth, le 6 octobre 1645 : « Je ne crois
pas aussi que par cette providence particulière de Dieu, que Votre Altesse
a dit être le fondement de la théologie, vous entendiez quelque changement qui arrive en ses actions à l'occasion des actions qui dépendent
de notre libre arbitre. Car la théologie n'admet point ce changement... »
Descartes ne distingue-t-il pas, sous l'angle de la nécessité, ces deux
aspects des lois de la création?

45 qu'il y eût des sociétés d'hommes, il serait juste de se conformer à leurs lois; que, s'il y avait des êtres intelligents qui
eussent reçu quelque bienfait d'un autre être, ils devraient
en avoir de la reconnaissance; que, si un être intelligent avait
créé un être intelligent, le créé devrait rester dans la dépen-
50 dance qu'il a eue dès son origine; qu'un être intelligent, qui
a fait du mal à un être intelligent, mérite de recevoir le même
mal, et ainsi du reste.

Mais il s'en faut bien que le monde intelligent soit aussi
bien gouverné que le monde physique. Car, quoique celui-là
55 ait aussi des lois, qui par leur nature, sont invariables, il ne
les suit pas constamment comme le monde physique suit les
siennes. La raison en est que les êtres particuliers intelligents
sont bornés par leur nature, et par conséquent sujets à l'erreur;
et, d'un autre côté, il est de leur nature qu'ils agissent par
60 eux-mêmes. Ils ne suivent donc pas constamment leurs lois
primitives; et celles même qu'ils se donnent, ils ne les suivent
pas toujours. (4)

■ QUESTIONS ■

4. Montrez que le paragraphe 10 tisse deux réseaux de lois, les unes
idéales, les autres positives. N'est-ce pas retourner à la loi-commandement? — Énoncez les différents *rapports d'équité* énumérés au paragraphe 9. Comparez ce paragraphe et ce texte où Grotius définit le droit
naturel : « Qu'il faut s'abstenir religieusement du bien d'autrui, et resti-
tuer ce que l'on peut en avoir entre les mains, ou le profit qu'on en a
tiré; que l'on est obligé de tenir sa parole; que l'on doit réparer le dommage qu'on a causé par sa faute; que toute violation mérite punition,
même de la part des hommes »; indépendamment des divergences de
détail, n'y a-t-il pas une similitude de démarche? Montrez que Montesquieu est ici nettement en retrait sur les intentions affichées au début du
chapitre. — Rapprochez la seconde phrase du paragraphe 10 de la première du paragraphe 6; à quoi répond ce renversement? — L'erreur :
comparez sur ce point le paragraphe 10 et ces deux textes, l'un de Spinoza :
« La fausseté consiste dans une privation de connaissance qu'enveloppent
les idées inadéquates, c'est-à-dire mutilées et confuses » (*Éthique*, II,
proposition 35); l'autre de Descartes (*Quatrième Méditation*) : « Considérant quelles sont mes erreurs [...]; je trouve qu'elles dépendent du
concours de deux causes, à savoir de la puissance de connaître qui est
en moi, et de ma puissance d'élire, ou bien de mon libre arbitre; c'est-à-
dire de mon entendement et ensemble de ma volonté. » De quel côté
penche Montesquieu? — Montrez que la dernière phrase peut se référer
implicitement aux éléments dont l'ignorance entraîne les erreurs des
hommes, c'est-à-dire les causes secondes et moyennes; dans ce cas,
quelle serait l'intention de Montesquieu : faire régner les lois énoncées
au paragraphe 9, ou déterminer les lois inconnues qui gouvernent les
hommes dans l'élaboration des lois positives? Quelle intention vous
paraît la plus intéressante?

On ne sait si les bêtes sont gouvernées par les lois générales du mouvement, ou par une motion particulière[1]. Quoi qu'il
65 en soit, elles n'ont point avec Dieu de rapport plus intime que le reste du monde matériel; et le sentiment ne leur sert que dans le rapport qu'elles ont entre elles, ou avec d'autres êtres particuliers, ou avec elles-mêmes[2].

Par l'attrait du plaisir, elles conservent leur être particulier;
70 et, par le même attrait, elles conservent leur espèce. Elles ont des lois naturelles, parce qu'elles sont unies par le sentiment; elles n'ont point de lois positives, parce qu'elles ne sont point unies par la connaissance. Elles ne suivent pourtant pas invariablement leurs lois naturelles[3] : les plantes, en qui nous ne
75 remarquons ni connaissance ni sentiment, les suivent mieux[4].

Les bêtes n'ont point les suprêmes avantages que nous avons; elles en ont que nous n'avons pas. Elles n'ont point nos espérances, mais elles n'ont pas nos craintes; elles subissent comme nous la mort, mais c'est sans la connaître; la plupart
80 même se conservent mieux que nous, et ne font pas un aussi mauvais usage de leurs passions. **(5)**

L'homme, comme être physique, est, ainsi que les autres corps, gouverné par des lois invariables. Comme être intelligent, il viole sans cesse les lois que Dieu a établies, et change
85 celles qu'il établit lui-même. Il faut qu'il se conduise; et cependant il est un être borné; il est sujet à l'ignorance et à l'erreur,

---

1. Descartes : « Je considère qu'ils [les animaux] ne nous imitent ou surpassent qu'en celles de nos actions qui ne sont point conduites par notre pensée »; 2. Alain montre que l'animal agit comme il peut, non comme il sait : « Plus d'une fois, quand j'ai observé les mouvements des animaux, j'y ai remarqué quelque chose de convulsif et même de fou, et qui ne réussit qu'après un grand nombre d'essais, comme on voit qu'un insecte qui est sur le dos arrive à se retourner »; 3. C'est la dystélie, c'est-à-dire l'inadaptation de l'acte à la fin. Cuénot cite, par exemple, des herbivores avides de plantes vénéneuses qui leur donnent une maladie cérébrale mortelle; 4. Montesquieu avait ébauché dans ses *Observations sur l'histoire naturelle* (1719-1721) une théorie des plantes-machines.

——— ■ QUESTIONS ———

5. Définissez ce que Montesquieu entend par *sentiment* dans ce passage; à quel mot l'oppose-t-il? Qu'implique la fonction purement « horizontale » qu'il lui confère (fin du § 11)? — Précisez, à l'aide des paragraphes 11 et 12, la notion de loi naturelle. — La position de Montesquieu envers les animaux vous paraît-elle aussi radicale que celle de Descartes? Cherchez dans vos souvenirs d'autres textes — classiques ou modernes — qui traitent ce sujet (Montaigne, La Fontaine, Colette, etc.). — Quelle tentation pourrait apparaître dans le paragraphe 13? Montrez qu'en fait c'est surtout un exercice de style et une transition.

comme toutes les intelligences finies; les faibles connaissances qu'il a, il les perd encore : comme créature sensible, il devient sujet à mille passions. Un tel être pouvait, à tous les instants,
90 oublier son créateur; Dieu l'a rappelé à lui par les lois de la religion. Un tel être pouvait, à tous les instants, s'oublier lui-même; les philosophes l'ont averti par les lois de la morale. Fait pour vivre dans la société, il y pouvait oublier les autres; les législateurs l'ont rendu à ses devoirs par les lois politiques
95 et civiles. (6) (7)

LIVRE II

DES LOIS QUI DÉRIVENT DIRECTEMENT DE LA NATURE DU GOUVERNEMENT

Montesquieu distingue et définit trois types de gouvernements : la république (qui recouvre démocratie et aristocratie), la monarchie

───────── **QUESTIONS** ─────────

6. Comparez le jugement porté sur l'homme dans les trois premières phrases et ces passages de Descartes : « Il n'y en [choses qui tombent sous la connaissance des hommes] peut avoir de si éloignées auxquelles enfin on ne parvienne, ni de si cachées qu'on ne découvre » *(Discours de la méthode)* ; et : « Je ne suis point d'opinion qu'on les [les perfections du corps] doive entièrement mépriser, ni même qu'on doive s'exempter d'avoir des passions; il suffit qu'on les rende sujettes à la raison, et lorsqu'on les a ainsi apprivoisées, elles sont quelquefois d'autant plus utiles qu'elles penchent plus vers l'excès. » Montrez que Montesquieu, partant de thèmes cartésiens, en reste ici à des conclusions beaucoup plus pessimistes. Relevez dans les trois dernières phrases les termes qui soulignent le caractère de rappels à l'ordre des lois. Vous paraît-il normal que les lois politiques et civiles soient mises sur le même plan que les lois de la religion et celles de la morale? Montrez qu'alors ces lois ont pour but non plus d'adapter l'homme à ses conditions d'existence (lois-rapports), mais de le conformer à une nature humaine exprimée par des lois-commandements; Montesquieu a-t-il exposé ces lois-commandements? Est-ce l'aspect original de son entreprise?

7. SUR L'ENSEMBLE DU CHAPITRE PREMIER. — Formulez clairement l'incertitude que l'équivoque du mot *loi* fait peser sur le projet de Montesquieu.

— Montrez que le concept de *loi naturelle* utilisé par Montesquieu permet d'éviter toute hypothèse de contrat et de mieux réfuter Hobbes. Appréciez cette opinion de L. Althusser : « On l' [Hobbes] attend sur le terrain de la nature, mais qu'on a choisi avant lui, et avec les armes qui conviennent. Tout est disposé pour défendre une autre cause que la sienne : celle d'un monde ébranlé qu'on veut rasseoir sur ses bases. »

et le despotisme. Il dégage ensuite les lois fondamentales de chaque gouvernement :

— démocratie;

— aristocratie (suffrage électif; existence d'un sénat; refus de donner une autorité exorbitante à un citoyen, sauf cas particuliers [Rome, Venise], et en compensant « la grandeur de la puissance par la brièveté de sa durée »; exclusion du pouvoir du plus petit nombre possible d'habitants : les pauvres);

— monarchie;

— despotisme.

1. DE LA NATURE DES TROIS DIVERS GOUVERNEMENTS

Il y a trois espèces de gouvernements : le RÉPUBLICAIN, le MONARCHIQUE et le DESPOTIQUE[1]. Pour en découvrir la nature, il suffit de l'idée qu'en ont les hommes les moins instruits. Je suppose trois définitions, ou plutôt trois faits : l'un que
5 « le gouvernement républicain est celui où le peuple en corps, ou seulement une partie du peuple, a la souveraine puissance; le monarchique, celui où un seul gouverne, mais par des lois fixes et établies; au lieu que, dans le despotique, un seul, sans loi et sans règle, entraîne tout par sa volonté et par ses
10 caprices[2] ». **(1)**

---

1. La classification courante des gouvernements depuis l'Antiquité, et en particulier depuis Aristote, distingue le gouvernement d'un seul, celui de plusieurs et celui de tous, c'est-à-dire la monarchie, l'aristocratie (ou oligarchie) et la démocratie; 2. « C'est autre chose que le gouvernement soit absolu, autre chose qu'il soit arbitraire [...]. Outre que tout est soumis au jugement de Dieu [...], il y a des lois dans les empires contre lesquelles tout ce qui se fait est nul de droit » (Bossuet, *Politique tirée de l'Ecriture sainte*, VIII, II, 1).

QUESTIONS

1. La référence à l'expérience commune dans la deuxième phrase vous paraît-elle satisfaisante? Concorde-t-elle avec les définitions juridiques et nuancées qui vont suivre? Pourquoi alors Montesquieu cherche-t-il cet appui? — Comparez la correction *ou plutôt trois faits* dans la phrase suivante. Sens précis de *supposer* dans cette phrase? — Dégagez les différentes antithèses qui opposent les trois natures de gouvernements; comment se répartissent-elles? Le gouvernement monarchique s'oppose-t-il au républicain d'une part, au despotique, de l'autre, sur le même terrain? Peut-on pourtant dégager un critère unique qui fonde la classification de Montesquieu; comparez avec celle d'Aristote. (Cf. Doc. thématique.) En particulier, expliquez comment Montesquieu peut négliger, tout au moins pour l'instant, la distinction entre démocratie et aristocratie.

Voilà ce que j'appelle la nature de chaque gouvernement. Il faut voir quelles sont les lois qui suivent directement de cette nature, et qui par conséquent sont les premières lois fondamentales. **(2) (3)**

2. DU GOUVERNEMENT RÉPUBLICAIN
ET DES LOIS RELATIVES À LA DÉMOCRATIE

Lorsque, dans la république, le peuple en corps a la souveraine puissance, c'est une *Démocratie*. Lorsque la souveraine puissance est entre les mains d'une partie du peuple, cela s'appelle une *Aristocratie*.

5   Le peuple, dans la démocratie, est, à certains égards, le monarque; à certains autres, il est le sujet.

Il ne peut être monarque que par ses suffrages qui sont ses volontés. La volonté du souverain est le souverain lui-même. Les lois qui établissent le droit de suffrage sont donc

10 fondamentales dans ce gouvernement. En effet, il est aussi important d'y régler comment, par qui, à qui, sur quoi, les suffrages doivent être donnés, qu'il l'est dans une monarchie de savoir quel est le monarque, et de quelle manière il doit gouverner. **(4)**

15   Libanius[1] dit que *à Athènes un étranger qui se mêlait dans l'assemblée du peuple, était puni de mort*. C'est qu'un tel homme usurpait le droit de souveraineté.

Il est essentiel de fixer le nombre des citoyens qui doivent former les assemblées; sans cela, on pourrait ignorer si le

20 peuple a parlé, ou seulement une partie du peuple. A Lacédé-

---

1. *Libanius* : sophiste né en 314 apr. J.-C. Il fut le conseiller de l'empereur Julien l'Apostat et le maître de saint Basile et de saint Jean Chrysostome.

——— **QUESTIONS** ———————————

2. Trouvez un terme moderne qui rende compte de ce que Montesquieu appelle la *nature* d'un gouvernement.

3. Sur l'ensemble du chapitre premier. — Que pensez-vous de cette primauté *(lois fondamentales)* accordée à l'aspect purement formel du régime politique? Quels éléments historiques ou économiques pourraient contester cette priorité?

4. Expliquez ce que Montesquieu entend par *lois fondamentales*. Quelle particularité politique de la démocratie Montesquieu dégage-t-il dans le second paragraphe? Comparez avec les thèses de Rousseau dans le *Contrat social*.

mone, il fallait dix mille citoyens. A Rome, née dans la petitesse pour aller à la grandeur; à Rome, faite pour éprouver toutes les vicissitudes de la fortune; à Rome, qui avait tantôt presque tous ses citoyens hors de ses murailles, tantôt toute
25 l'Italie et une partie de la terre dans ses murailles, on n'avait point fixé ce nombre; et ce fut une des grandes causes de sa ruine[1]. **(5)**

Le peuple qui a la souveraine puissance doit faire par lui-même tout ce qu'il peut bien faire; et ce qu'il ne peut pas bien
30 faire, il faut qu'il le fasse par ses ministres.

Ses ministres ne sont point à lui s'il ne les nomme : c'est donc une maxime fondamentale de ce gouvernement, que le peuple nomme ses ministres, c'est-à-dire ses magistrats.

Il a besoin, comme les monarques, et même plus qu'eux,
35 d'être conduit par un conseil ou sénat. Mais, pour qu'il y ait confiance, il faut qu'il en élise les membres; soit qu'il les choisisse lui-même, comme à Athènes, ou par quelque magistrat qu'il a établi pour les élire, comme cela se pratiquait à Rome dans quelques occasions[2].

40 Le peuple est admirable pour choisir ceux à qui il doit confier quelque partie de son autorité. Il n'a à se déterminer que par des choses qu'il ne peut ignorer, et des faits qui tombent sous les sens. Il sait très bien qu'un homme a été souvent à la guerre, qu'il y a eu tels ou tels succès; il est donc très capable d'élire
45 un général. Il sait qu'un juge est assidu; que beaucoup de gens se retirent de son tribunal contents de lui; qu'on ne l'a pas convaincu de corruption; en voilà assez pour qu'il élise un préteur. Il a été frappé de la magnificence ou des richesses d'un citoyen; cela suffit pour qu'il puisse choisir un édile.
50 Toutes ces choses sont des faits dont il s'instruit mieux dans la place publique, qu'un monarque dans son palais. Mais saura-t-il conduire une affaire, connaître les lieux, les occasions, les moments, en profiter? Non : il ne le saura pas.

1. Montesquieu renvoie au chapitre IX des *Considérations*, qui évoque la guerre sociale menée par Rome contre les peuples alliés d'Italie qui réclamaient le droit de cité et l'obtinrent finalement par la loi Julia (90 av. J.-C.); 2. En fait, sous la République romaine, les sénateurs étaient toujours choisis par un magistrat : consul, puis censeur.

─────── **QUESTIONS** ───────

5. Commentez l'anaphore de la dernière phrase; ne surprend-elle pas dans le contexte? Quels sentiments traduit-elle?

Si l'on pouvait douter de la capacité naturelle qu'a le peuple
55 pour discerner le mérite, il n'y aurait qu'à jeter les yeux sur
cette suite continuelle de choix étonnants que firent les Athéniens et les Romains; ce qu'on n'attribuera pas sans doute
au hasard[1].

On sait qu'à Rome, quoique le peuple se fût donné le droit
60 d'élever aux charges les plébéiens, il ne pouvait se résoudre
à les élire; et quoique à Athènes on pût, par la loi d'Aristide,
tirer les magistrats de toutes les classes, il n'arriva jamais,
dit Xénophon, que le bas peuple demandât celles qui pouvaient
intéresser son salut ou sa gloire.

65 Comme la plupart des citoyens, qui ont assez de suffisance
pour élire, n'en ont pas assez pour être élus; de même le peuple,
qui a assez de capacités pour se faire rendre compte de la gestion des autres, n'est pas propre à gérer par lui-même.

Il faut que les affaires aillent, et qu'elles aillent un certain
70 mouvement qui ne soit ni trop lent ni trop vite. Mais le peuple
a toujours trop d'action, ou trop peu. Quelquefois avec cent
mille bras il renverse tout; quelquefois avec cent mille pieds il
ne va que comme les insectes. (6)

Dans l'État populaire, on divise le peuple en de certaines
75 classes. C'est dans la manière de faire cette division que les
grands législateurs se sont signalés; et c'est de là qu'ont toujours dépendu la durée de la démocratie et sa prospérité.

Servius Tullius suivit, dans la composition de ses classes,
l'esprit de l'aristocratie[2]. Nous voyons dans Tite-Live et dans
80 Denys d'Halicarnasse comment il mit le droit de suffrage
entre les mains des principaux citoyens. Il avait divisé le peuple
de Rome en cent quatre-vingt-treize centuries, qui formaient

---

1. Le hasard intervenait pourtant, en particulier en Grèce (tirage au sort, choix
circonscrit entre les riches), et les déboires furent fréquents; 2. La tradition date de
578 la réforme de Servius Tullius; mais les historiens modernes contestent l'authen-
ticité de cette réforme.

QUESTIONS

6. Relevez les différents arguments que donne Montesquieu en faveur
du vote sur un homme et du rejet du mandat impératif. A quel mode
de scrutin moderne son système équivaut-il? Certains éléments de la
civilisation moderne ne peuvent-ils venir affaiblir les arguments théo-
riques qu'il produit? — Quels rapports les paragraphes 10-12 établissent-ils
entre mérite et rang social?

CVSPIVM · AED

SI QVA · VERECVNDE · VIVENTI · GLORIA · DANDA · EST
HVIC · IVVENI · DEBET · GLORIA · DIC · NA · DARI

AFFICHE ÉLECTORALE ROMAINE SUR UN MUR DE POMPÉI (79 APR. J.-C.)

six classes. Et, mettant les riches, mais en plus petit nombre, dans les premières centuries; les moins riches, mais en plus
85 grand nombre, dans les suivantes, il jeta toute la foule des indigents dans la dernière; et chaque centurie n'ayant qu'une voix, c'étaient les moyens et les richesses qui donnaient le suffrage, plutôt que les personnes.

Solon divisa le peuple d'Athènes en quatre classes. Conduit
90 par l'esprit de la démocratie, il ne les fit pas pour fixer ceux qui devaient élire, mais ceux qui pouvaient être élus; et, laissant à chaque citoyen le droit d'élection, il voulut que, dans chacune de ces quatre classes, on pût élire des juges; mais que ce ne fût que dans les trois premières, où étaient les citoyens
95 aisés, qu'on pût prendre les magistrats. (7)

Comme la division de ceux qui ont droit de suffrage, est, dans la république, une loi fondamentale, la manière de le donner est une autre loi fondamentale.

Le suffrage par le sort est de la nature de la démocratie;
100 le suffrage par choix est de celle de l'aristocratie[1].

Le sort est une façon d'élire qui n'afflige personne, il laisse à chaque citoyen une espérance raisonnable de servir sa patrie.

Mais, comme il est défectueux par lui-même, c'est à le régler et à le corriger que les grands législateurs se sont surpassés.

105 Solon établit à Athènes que l'on nommerait par choix à tous les emplois militaires, et que les sénateurs et les juges seraient élus par le sort.

Il voulut que l'on donnât par choix les magistratures civiles qui exigeaient une grande dépense, et que les autres fussent
110 données par le sort.

Mais, pour corriger le sort, il régla qu'on ne pourrait élire que dans le nombre de ceux qui se présenteraient : que celui

---

1. Le suffrage par le sort était pratiqué à Athènes, à Élis, à Syracuse. Hérodote et Aristote le soutiennent; Platon est moins affirmatif; Xénophon et Isocrate le condamnent. Montesquieu ne tient aucun compte de l'origine religieuse de cette pratique, que G. Glotz qualifie d'« ordalie mitigée ».

—————— **QUESTIONS** ——————

7. L'opposition entre les réformes de Servius et de Solon vous paraît-elle suffisante pour distinguer aristocratie et démocratie? Montesquieu n'a-t-il pas tort d'isoler chacune de ces réformes de son environnement historique?

qui aurait été élu serait examiné par des juges, et que chacun pourrait l'accuser d'en être indigne : cela tenait en même
115 temps du sort et du choix. Quand on avait fini le temps de sa magistrature, il fallait essuyer un autre jugement sur la manière dont on s'était comporté. Les gens sans capacités devaient avoir bien de la répugnance à donner leur nom pour être tirés au sort. **(8)**

120 La loi qui fixe la manière de donner les billets de suffrage, est encore une loi fondamentale dans la démocratie. C'est une grande question, si les suffrages doivent être publics ou secrets. Cicéron écrit que les lois qui les rendirent secrets dans les derniers temps de la république romaine, furent une des
125 grandes causes de sa chute. Comme ceci se pratique diversement dans différentes républiques, voici, je crois, ce qu'il en faut penser.

Sans doute que, lorsque le peuple donne ses suffrages, ils doivent être publics; et ceci doit être regardé comme une loi
130 fondamentale de la démocratie. Il faut que le petit peuple soit éclairé par les principaux, et contenu par la gravité de certains personnages. Ainsi, dans la république romaine, en rendant les suffrages secrets, on détruisit tout; il ne fut plus possible d'éclairer une populace qui se perdait. Mais lorsque
135 dans une aristocratie le corps des nobles donne les suffrages, ou dans une démocratie le sénat; comme il n'est là question que de prévenir les brigues, les suffrages ne sauraient être trop secrets.

La brigue est dangereuse dans un sénat; elle est dangereuse
140 dans un corps de nobles : elle ne l'est pas dans le peuple, dont la nature est d'agir par passion. Dans les États où il n'a point de part au gouvernement, il s'échauffera pour un acteur, comme il aurait fait pour les affaires. Le malheur d'une république, c'est lorsqu'il n'y a plus de brigues; et cela arrive
145 lorsqu'on a corrompu le peuple à prix d'argent : il devient de sang-froid, il s'affectionne à l'argent, mais il ne s'affectionne

---

QUESTIONS

8. Appréciez l'affirmation du paragraphe 18; quelle imprudence commet Montesquieu? — Comparez le paragraphe 19 avec le paragraphe 12. — Les mesures restrictives énumérées dans les paragraphes suivants ne réduisent-elles pas singulièrement la portée du principe? N'auraient-elles pas dû amener Montesquieu à attacher plus d'importance à certains facteurs? Lesquels?

plus aux affaires : sans souci du gouvernement et de ce qu'on y propose, il attend tranquillement son salaire[1]. **(9)**

150 C'est encore une loi fondamentale de la démocratie, que le peuple seul fasse les lois. Il y a pourtant mille occasions où il est nécessaire que le sénat puisse statuer; il est même souvent à propos d'essayer une loi avant de l'établir. La constitution de Rome et celle d'Athènes étaient très sages. Les arrêts du sénat avaient force de loi pendant un an; ils ne devenaient 155 perpétuels que par la volonté du peuple. **(10)**

4. DES LOIS DANS LEUR RAPPORT AVEC LA NATURE DU GOUVERNEMENT MONARCHIQUE

Les pouvoirs intermédiaires, subordonnés et dépendants, constituent la nature du gouvernement monarchique, c'est-à-dire de celui où un seul gouverne par des lois fondamentales.

---

1. « La loi de Solon, qui déclarait infâmes tous ceux qui, dans une sédition, ne prendraient aucun parti, a paru bien extraordinaire : mais il faut faire attention aux circonstances dans lesquelles la Grèce se trouvait pour lors. Elle était partagée en de très petits États : il était à craindre que, dans une république travaillée par des dissensions civiles, les gens les plus prudents ne se missent à couvert; et que, par là, les choses ne fussent portées à l'extrémité » (*l'Esprit des lois*, XXIX, 3). « On n'entend parler dans les auteurs que des divisions qui perdirent Rome; mais on ne voit pas que ces divisions y étaient nécessaires, qu'elles y avaient toujours été et qu'elles y devaient toujours être » (*Considérations*, IX).

━━ QUESTIONS ━━

9. N'y a-t-il pas une contradiction entre le paragraphe 25 et le paragraphe 9? La disposition si « naturelle » qu'a le peuple à distinguer les hommes de « mérite » n'est-elle pas d'autant mieux entretenue qu'elle est orientée soigneusement et, finalement, créée de toutes pièces? Quel danger Montesquieu voit-il dans l'absence de « brigues » en régime démocratique? S'inquiète-t-il seulement de la perte du pouvoir du peuple?

10. SUR L'ENSEMBLE DU CHAPITRE 2. — Énumérez les différentes « lois fondamentales » que Montesquieu attribue à la démocratie.

— Quelles démocraties Montesquieu a-t-il sous les yeux en écrivant ce chapitre? Distingue-t-il toujours clairement démocratie et aristocratie? Montrez que, d'un point de vue méthodologique, l'utilisation qu'il fait des exemples produits est souvent loin d'être satisfaisante : pourquoi? Est-ce seulement par imprudence? N'est-ce pas aussi pour rejeter la démocratie dans un lointain révolu?

— Comment Montesquieu prive-t-il le peuple de tout pouvoir direct? Comparez sur ce point de la représentation du peuple les thèses de Rousseau (*Du contrat social*, III, 15) : « La souveraineté ne peut être représentée, par la même raison qu'elle ne peut être aliénée; elle consiste essentiellement dans la volonté générale, et la volonté ne se représente point. »

— Comparez la démocratie de Montesquieu, celle de Rousseau et celle — bourgeoise et socialiste — de notre époque.

J'ai dit les pouvoirs intermédiaires, subordonnés et dépen-
5 dants : en effet, dans la monarchie, le prince est la source de
tout pouvoir politique et civil. Ces lois fondamentales supposent nécessairement des canaux moyens par où coule la puissance : car, s'il n'y a dans l'État que la volonté momentanée
et capricieuse d'un seul, rien ne peut être fixe, et par conséquent
10 aucune loi fondamentale. **(11)**

Le pouvoir intermédiaire subordonné le plus naturel est
celui de la noblesse. Elle entre en quelque façon dans l'essence
de la monarchie, dont la maxime fondamentale est : *point de
monarque, point de noblesse ; point de noblesse, point de monarque.*
15 Mais on a un despote.

Il y a des gens qui avaient imaginé, dans quelques États
en Europe, d'abolir toutes les justices des seigneurs[1]. Ils ne
voyaient pas qu'ils voulaient faire ce que le parlement d'Angleterre a fait[2]. Abolissez dans une monarchie les prérogatives
20 des seigneurs, du clergé, de la noblesse et des villes : vous
aurez bientôt un État populaire, ou bien un État despotique.

Les tribunaux d'un grand État en Europe frappent sans
cesse, depuis plusieurs siècles, sur la juridiction patrimoniale
des seigneurs, et sur l'ecclésiastique[3]. Nous ne voulons pas
25 censurer des magistrats si sages; mais nous laissons à décider
jusqu'à quel point la constitution en peut être changée. **(12)**

---

1. Ainsi, Ferdinand le Catholique (1452-1516) en Espagne, Jean II (1455-1495)
au Portugal; 2. Première mention, et défavorable, du Parlement anglais dans *l'Esprit
des lois;* 3. Allusion à la France : l'ordonnance de 1667 marquait l'aboutissement
des efforts de la royauté pour soustraire à la compétence des juridictions seigneuriales des cas « royaux » (c'est-à-dire concernant l'ordre public) de plus en plus
nombreux, et prescrivait aux juridictions seigneuriales et ecclésiastiques d'observer
les mêmes règles de procédure que la justice royale.

━━━ QUESTIONS ━━━

11. Comparez la définition de la monarchie donnée dans la première
phrase à celle du chapitre premier du livre II : y a-t-il des différences,
et de quel point de vue? — Montesquieu a ajouté au manuscrit *dépendants* (lignes 1 et 4) : pourquoi? — Quel régime est visé par l'allusion
à la *volonté momentanée et capricieuse d'un seul?* Peut-il s'agir de la monarchie de droit divin?

12. Montesquieu explique-t-il ce rôle primordial de la noblesse? —
Précisez les circonstances du passage soit à l'État populaire, soit à l'État
despotique dans une monarchie qui a aboli les prérogatives. Confrontez
cette affirmation de Montesquieu à des exemples historiques. — Comment
Montesquieu passe-t-il dans le paragraphe 4 de l'analyse à l'engagement?

Je ne suis point entêté des privilèges des ecclésiastiques; mais je voudrais qu'on fixât bien une fois leur juridiction[1]. Il n'est point question de savoir si on a eu raison de l'établir,
30 mais si elle est établie, si elle fait une partie des lois du pays, et si elle y est partout relative; si, entre deux pouvoirs que l'on reconnaît indépendants, les conditions ne doivent pas être réciproques; et s'il n'est pas égal à un bon sujet de défendre la justice du prince, ou les limites qu'elle s'est de tout temps
35 prescrites.

Autant que le pouvoir du clergé est dangereux dans une république, autant est-il convenable dans une monarchie, surtout dans celles qui vont au despotisme. Où en seraient l'Espagne et le Portugal depuis la perte de leurs lois, sans ce pou-
40 voir qui arrête seul la puissance arbitraire? Barrière toujours bonne, lorsqu'il n'y en a point d'autre : car, comme le despotisme cause à la nature humaine des maux effroyables, le mal même qui le limite est un bien **(13)**

Comme la mer, qui semble vouloir couvrir toute la terre,
45 est arrêtée par les herbes et les moindres graviers qui se trouvent sur le rivage; ainsi les monarques, dont le pouvoir paraît sans bornes, s'arrêtent par les plus petits obstacles, et soumettent leur fierté naturelle à la plainte et à la prière.

Les Anglais, pour favoriser la liberté, ont ôté toutes les
50 puissances intermédiaires qui formaient leur monarchie. Ils ont bien raison de conserver cette liberté; s'ils venaient à la perdre, ils seraient un des peuples les plus esclaves de la terre.

---

1. Depuis 1695, les juridictions ecclésiastiques ne pouvaient plus connaître que des causes purement spirituelles.

■ QUESTIONS

13. Montrez que la prise de position personnelle se fait plus pressante; pourquoi précisément sur les privilèges des ecclésiastiques? — Le raisonnement *Il n'est point question de savoir si on a eu raison de l'établir, mais si elle est établie* vous paraît-il convaincant? N'est-il pas en contradiction avec le premier paragraphe? — *Si, entre deux pouvoirs ... réciproques :* cette « indépendance » n'est-elle pas surprenante (voir § 1)? S'agit-il d'une indépendance des pouvoirs comparable à celle que l'on trouve au livre XI, chapitre 6? — Le devoir d'obéissance selon la dernière phrase du paragraphe 5. Comment, d'après ce qui précède, se définit le « bon sujet » : par sa loyauté ou par sa condition sociale? Qu'en conclure sur la fin du régime monarchique? — Le « réalisme » du moindre mal, tel que Montesquieu le pratique dans le paragraphe 6, vous semble-t-il raisonnable? Le pouvoir du clergé ne peut-il s'accorder avec le despotisme?

M. Law, par une ignorance égale de la constitution républicaine et monarchique, fut un des plus grands promoteurs
55 du despotisme que l'on eût encore vus en Europe. Outre les
changements qu'il fit, si brusques, si inusités, si inouïs, il
voulait ôter les rangs intermédiaires, et anéantir les corps
politiques : il dissolvait la monarchie par ses chimériques
remboursements, et semblait vouloir racheter la constitution
60 même[1]. **(14)**

Il ne suffit pas qu'il y ait, dans une monarchie, des rangs
intermédiaires; il faut encore un dépôt de lois. Ce dépôt ne
peut être que dans les corps politiques[2], qui annoncent les lois
lorsqu'elles sont faites et les rappellent lorsqu'on les oublie.
65 L'ignorance naturelle à la noblesse, son inattention, son mépris
pour le gouvernement civil, exigent qu'il y ait un corps qui
fasse sans cesse sortir les lois de la poussière où elles seraient
ensevelies. Le Conseil du prince n'est pas un dépôt convenable[3].
Il est, par sa nature, le dépôt de la volonté momentanée du
70 prince qui exécute, et non pas le dépôt des lois fondamentales.
De plus, le Conseil du monarque change sans cesse; il n'est

---

1. Sur Law, voir *Lettres persanes*, 138, 142, 145, *l'Esprit des lois*, XXII, 6, 10,
XXIX, 6, ainsi que les *Carnets de voyages*, où Montesquieu rapporte les propos
que lui a tenus Law lors de leur entrevue à Venise et conclut : « C'est un homme
captieux, qui a du raisonnement, et dont toute la force est de tâcher de tourner votre
réponse contre vous, en y trouvant quelque inconvénient; d'ailleurs plus amoureux
de ses idées que de son argent »; **2.** *Corps politiques :* assemblées qui participent
aux affaires publiques; **3.** Il s'agit du Conseil d'État.

--- **QUESTIONS** ---

14. « Voilà donc, pratiquement parlant, l'Océan qui est monarque ou
despote. Ce n'est pas là le style d'un législateur. Mais assurément ce n'est
ni de l'herbe, ni du gravier qui cause le reflux de la mer, c'est les lois
de la gravitation; et je ne sais si la comparaison des larmes du peuple
avec du gravier est bien juste. » Distinguez et appréciez ces différents
reproches de Voltaire. — Rapprochez cette comparaison avec l'image des
canaux (§ 1), et avec celle de la barrière appliquée au despotisme (§ 6);
montrez qu'il se crée un système cohérent d'images pour opposer despotisme et monarchie. — Montesquieu nous a annoncé au premier paragraphe des lois fondamentales; montrez qu'il ne nous a, dans ce passage,
présenté que des ordres sociaux. — La liberté est-elle la fin que recherche
la monarchie telle que la conçoit Montesquieu? Retrouvera-t-on au
livre XI, chapitre 6, cette distinction entre monarchie anglaise et monarchie modérée, et cette idée que la monarchie anglaise repose sur un équilibre périlleux et ne peut guère être prise comme modèle? — L'allusion
à l'ignorance, chez Law, de la constitution républicaine tout comme de
la constitution monarchique permet-elle de mieux situer le régime anglais
dans les catégories politiques de Montesquieu? Comment le style et le
vocabulaire traduisent-ils l'indignation de Montesquieu devant le système
de Law?

THAMAS KOULI KAN, ROI DE PERSE
Illustration extraite de l'*Histoire de Thamas Kouli kan*, par Ducerceau.

point permanent; il ne saurait être nombreux; il n'a point à
un assez haut degré[1] la confiance du peuple; il n'est donc pas
en état de l'éclairer dans les temps difficiles, ni de le ramener
75 à l'obéissance.

Dans les États despotiques, où il n'y a point de lois fondamentales, il n'y a pas non plus de dépôt de lois. De là vient
que, dans ces pays, la religion a ordinairement tant de force :
c'est qu'elle forme une espèce de dépôt et de permanence;
80 et, si ce n'est pas la religion, ce sont les coutumes qu'on y
vénère, au lieu des lois. (15) (16)

5. DES LOIS RELATIVES À LA NATURE
DE L'ÉTAT DESPOTIQUE[2]

Il résulte de la nature du pouvoir despotique que l'homme
seul qui l'exerce le fasse de même exercer par un seul. Un
homme à qui ses cinq sens disent sans cesse qu'il est tout,
et que les autres ne sont rien, est naturellement paresseux,
5 ignorant, voluptueux. Il abandonne donc les affaires. Mais,

---

1. *A un assez haut degré* : addition de dernière heure; 2. Outre les ouvrages
de Chardin et Tavernier, déjà utilisés pour les *Lettres persanes*, les sources essentielles de Montesquieu pour la présentation du despotisme oriental sont l'*Histoire
de l'état présent de l'Empire ottoman*, de Ricaut, traduit de l'anglais en 1670, et
l'*Histoire de la dernière révolution de Perse*, du père Ducerceau. On a établi que
c'était surtout Ricaut que Montesquieu suivait, souvent de très près.

──────── **QUESTIONS** ────────

15. Que faut-il entendre par *dépôt de lois?* Pourquoi la noblesse
méprise-t-elle le gouvernement civil? Quel danger présente le Conseil
du prince? (Comparez *dépôt de la volonté momentanée du prince* avec
le premier paragraphe du chapitre.) D'après les défauts que Montesquieu trouve à la noblesse et au Conseil, énumérez les qualités que
doivent présenter les corps politiques capables de jouer ce rôle. A quels
corps Montesquieu pense-t-il? Rapprochez le paragraphe 11 du paragraphe 6. Quelle idée de la religion impliquent le rôle qui lui est ici donné
et surtout le fait que ce rôle puisse aussi être tenu par les « coutumes »?

16. Sur l'ensemble du chapitre 4. — Dégagez les points communs
et les différences entre la monarchie selon Montesquieu et la monarchie
française du XVIIIe siècle. Où situer chronologiquement la monarchie
idéale de Montesquieu?
— Voltaire, commentant ce chapitre, écrit : « Mais qu'on me dise ce
que je dois entendre par despote et par monarque! » Estimez-vous aussi
que Montesquieu ne s'attache pas — et surtout ne parvient pas — suffisamment à les distinguer? Comparez l'attitude de Montesquieu devant
la démocratie (II, 2) et devant la monarchie; est-ce exactement le même
homme qui parle?

s'il les confiait à plusieurs, il y aurait des disputes entre eux; on ferait des brigues pour être le premier esclave; le prince serait obligé de rentrer dans l'administration. Il est donc plus simple qu'il l'abandonne à un vizir qui aura d'abord
10 la même puissance que lui. L'établissement d'un vizir est, dans cet État, une loi fondamentale[1]. (17)

On dit qu'un pape, à son élection, pénétré de son incapacité, fit d'abord[2] des difficultés infinies[3]. Il accepta enfin, et livra à son neveu toutes les affaires. Il était dans l'admiration, et
15 disait : « Je n'aurais jamais cru que cela eût été si aisé. » Il en est de même des princes d'Orient. Lorsque de cette prison, où des eunuques leur ont affaibli le cœur et l'esprit, et souvent leur ont laissé ignorer leur état même, on les tire pour les placer sur le trône, ils sont d'abord étonnés; mais, quand ils
20 ont fait un vizir, et que dans leur sérail ils se sont livrés aux passions les plus brutales; lorsqu'au milieu d'une cour abattue ils ont suivi leurs caprices les plus stupides, ils n'auraient jamais cru que cela eût été si aisé.

Plus l'empire est étendu, plus le sérail s'agrandit, et plus,
25 par conséquent, le prince est enivré de plaisirs. Ainsi, dans ces États, plus le prince a de peuples à gouverner, moins il pense au gouvernement; plus les affaires y sont grandes, et moins on y délibère sur les affaires. (18) (19)

---

1. Les rois d'Orient ont toujours des vizirs, dit M. Chardin (Note de Montesquieu);
2. *D'abord :* dès le premier instant; 3. Il s'agit de Clément X, pape de 1670 à 1676, qui, en réalité, ne laissa pas tous ses pouvoirs à son neveu.

──────── QUESTIONS ────────

17. Montrez que Montesquieu procède uniquement par déduction; ne pourrait-on préférer, en pareil domaine, une méthode inductive? La déduction de Montesquieu n'est-elle qu'une induction déguisée? — N'est-il pas surprenant que Montesquieu dégage une loi fondamentale du despotisme (voir II, 1 et 4)? Montrez que cette loi est uniquement psychologique, et non politique. Qu'en conclure sur la « politique » en régime despotique? — En décrivant ce mécanisme, Montesquieu pense-t-il uniquement à l'Orient? Ne peut-on y voir la caricature d'un certain type de monarchie?

18. La comparaison entre un pape et les despotes : intention maligne ou simple rapprochement anecdotique? — Relevez les termes particulièrement forts employés pour peindre le monde oriental (l. 12-23). — Relevez vers la fin du paragraphe 2 des traits et expressions qui opposent le despotisme à la monarchie évoquée dans le chapitre précédent. Montrez que pour Montesquieu « le despotisme est le régime de l'instant » (L. Althusser). — L'art de la dernière phrase du paragraphe 3.
19. Questions sur l'ensemble du chapitre 5 : voir page suivante.

LIVRE III

DES PRINCIPES DES TROIS GOUVERNEMENTS

Ayant défini le principe comme ce qui fait agir un gouvernement, Montesquieu énumère et analyse les différents principes :

— la vertu pour la démocratie et la modération (c'est-à-dire le maintien de l'égalité entre les nobles, à défaut d'une « grande vertu qui fait que les nobles se trouvent en quelque façon égaux à leur peuple, ce qui peut former une grande république ») pour l'aristocratie;

— l'honneur pour la monarchie;

— la crainte pour le despotisme.

1. DIFFÉRENCE DE LA NATURE DU GOUVERNEMENT ET DE SON PRINCIPE

Après avoir examiné quelles sont les lois relatives à la nature de chaque gouvernement, il faut voir celles qui le sont à son principe.

5 Il y a cette différence entre la nature du gouvernement et son principe, que sa nature est ce qui le fait être tel, et son principe ce qui le fait agir. L'une est sa structure particulière, et l'autre les passions humaines qui le font mouvoir[1]. (1)

---

1. Cette distinction est très importante, et j'en tirerai bien des conséquences; elle est la clef d'une infinité de lois (Montesquieu). — L. Althusser la fait bien comprendre, en montrant que la nature du gouvernement répond à la question : « Qui détient le pouvoir? », et le principe à la question : « A quelle condition tel type de gouvernement peut-il exister? »; la première est d'ordre juridique, la seconde nous fait pénétrer dans la vie.

QUESTIONS
---

19. SUR L'ENSEMBLE DU CHAPITRE 5. — L'Orient despotique de Montesquieu n'est-il pas suspect? En quel sens et pourquoi? Que cherche surtout Montesquieu : à donner son visage despotique à l'Orient ou à donner un visage oriental au despotisme?

1. Que traduit l'opposition des mots *structure* et *passions*? Le mot *principe* doit-il être pris ici dans la même acception que dans la Préface (§ 4 et 6)?

Or les lois ne doivent pas être moins relatives au principe de chaque gouvernement qu'à sa nature. Il faut donc chercher
10 quel est ce principe. C'est ce que je vais faire dans ce livre-ci. (2)

3. DU PRINCIPE DE LA DÉMOCRATIE

Il ne faut pas beaucoup de probité pour qu'un gouvernement monarchique ou un gouvernement despotique se maintienne ou se soutienne. La force des lois dans l'un, le bras du prince toujours levé dans l'autre, règlent ou contiennent tout. Mais,
5 dans un état populaire, il faut un ressort de plus, qui est la VERTU[1]. (3)

---

1. Dans un Avertissement publié en tête de l'ouvrage, Montesquieu écrit : « Pour l'intelligence des quatre premiers livres de cet ouvrage, il faut observer que ce que j'appelle la vertu dans la république est l'amour de la patrie, c'est-à-dire l'amour de l'égalité. Ce n'est point une vertu morale, ni une vertu chrétienne, c'est la vertu politique ; et celle-ci est le ressort qui fait mouvoir le gouvernement républicain, comme l'honneur est le ressort qui fait mouvoir la monarchie [...] ; il faut faire attention qu'il y a une très grande différence entre dire qu'une certaine qualité, modification de l'âme, ou vertu, n'est pas le ressort qui fait agir un gouvernement, et dire qu'elle n'est point dans ce gouvernement. Si je disais : telle roue, tel pignon ne sont point le ressort qui fait mouvoir cette montre, en conclurait-on qu'ils ne sont point dans la montre? Tant s'en faut que les vertus morales et chrétiennes soient exclues de la monarchie que même la vertu politique ne l'est pas. En un mot, l'honneur est dans la république, quoique la vertu politique en soit le ressort ; la vertu politique est dans la monarchie, quoique l'honneur en soit le ressort. »

——— QUESTIONS ———

2. SUR L'ENSEMBLE DU CHAPITRE PREMIER. — Analysez et commentez cette objection de Destutt de Tracy : « Il [Montesquieu] cherche quels sont les sentiments dont il faut que les membres de la société soient animés pour que le gouvernement établi subsiste. Or, c'est là le principe conservateur, si l'on veut ; mais ce n'est pas le principe moteur. Celui-ci réside toujours dans quelque magistrature qui provoque l'action de la puissance. La cause de la conservation d'une société commerciale, c'est l'intérêt et le zèle de ses membres ; mais son principe d'action, c'est l'agent, ou les agents qu'elle a chargés de suivre ses affaires et de lui en rendre compte et qui provoquent ses déterminations. »

3. Quelles nuances Montesquieu peut-il établir entre se maintienne et se soutienne, entre règlent et contiennent? — Comment se manifeste l'obsession du danger despotique chez Montesquieu? — A quel vocabulaire renvoie l'image du ressort? Montrez qu'elle implique une position mécaniciste. — L'interprétation de l'expression de plus ne pose-t-elle pas un petit problème? — De quel autre mot du paragraphe le mot vertu semble-t-il synonyme? — Ce fait ne peut-il obscurcir la distinction que Montesquieu, dans le texte cité dans la note 1, établit entre vertu politique et vertu morale? N'y a-t-il pas du reste, dans la seconde partie de ce texte, un passage qui établit un lien très étroit entre ces deux vertus?

Ce que je dis est confirmé par le corps entier de l'histoire, et est très conforme à la nature des choses. **(4)** Car il est clair que dans une monarchie, où celui qui fait exécuter les lois se
10 juge au-dessus des lois, on a besoin de moins de vertu que dans un gouvernement populaire, où celui qui fait exécuter les lois sent qu'il y est soumis lui-même, et qu'il en portera le poids.

Il est clair encore que le monarque qui, par mauvais conseil
15 ou par négligence, cesse de faire exécuter les lois, peut aisé-ment réparer le mal : il n'a qu'à changer de Conseil, ou se corriger de cette négligence même. Mais lorsque, dans un gou-vernement populaire, les lois ont cessé d'être exécutées, comme cela ne peut venir que de la corruption de la république, l'État
20 est déjà perdu. **(5)**

Ce fut un assez beau spectacle, dans le siècle passé, de voir les efforts impuissants des Anglais pour établir parmi eux la démocratie. Comme ceux qui avaient part aux affaires n'avaient point de vertu, que leur ambition était irritée par le succès
25 de celui qui avait le plus osé, que l'esprit d'une faction n'était réprimé que par l'esprit d'une autre, le gouvernement chan-geait sans cesse; le peuple étonné[1] cherchait la démocratie et ne la trouvait nulle part. Enfin, après bien des mouvements, des chocs et des secousses, il fallut se reposer dans le gouver-
30 nement même qu'on avait proscrit[2].

Quand Sylla voulut rendre à Rome la liberté, elle ne put plus la recevoir[3]; elle n'avait plus qu'un faible reste de vertu,

---

1. *Etonné :* en proie au vertige; 2. 1648 : renversement et exécution de Charles Ier.
— 1649 : établissement de la république autoritaire de Cromwell *(celui qui avait le plus osé).* — 1660 : restauration de Charles II. — 1685 : Jacques II est renversé pacifiquement. — 1688 : Guillaume d'Orange monte sur le trône, comme monarque constitutionnel; 3. Il n'est pas certain que Sylla ait poursuivi un projet démocratique. Dans les *Considérations* (livre XI), Montesquieu écrivait de Sylla : « Dans la fureur de ses succès, il avait fait des choses qui mirent Rome dans l'impossibilité de conser-ver sa liberté. »

■ **QUESTIONS**

4. Distinguez les deux types d'arguments qu'annonce ici Montes-quieu? Retrouvez-les et délimitez-les dans la suite du chapitre. Quelle remarque faites-vous sur leur ordre?

5. Dégagez les deux arguments logiques présentés. Montrez que le paragraphe 2 déduit la vertu de la nature, mais que le paragraphe 3 souligne l'influence du principe sur la nature. A quelle méthode philo-sophique renvoie la formule *Il est clair?* Relevez les précautions d'expres-sion de Montesquieu à propos de la monarchie (§ 2). — Pourquoi éprouve-t-il le besoin de confronter monarchie et démocratie pour défi-nir la vertu républicaine? S'agit-il vraiment d'une définition? Pourquoi la démocratie est-elle plus vulnérable que la monarchie?

LIT DE JUSTICE DE LOUIS XV
Tableau de P

LE 12 SEPTEMBRE 1715
Dumesnil (1698-1781).

et, comme elle en eut toujours moins, au lieu de se réveiller après César, Tibère, Caïus, Claude, Néron, Domitien, elle fut
35 toujours plus esclave; tous les coups portèrent sur les tyrans, aucun sur la tyrannie.

Les politiques grecs, qui vivaient dans le gouvernement populaire, ne reconnaissaient d'autre force qui pût les soutenir que celle de la vertu[1]. Ceux d'aujourd'hui ne nous parlent
40 que de manufactures, de commerce, de finances, de richesses et de luxe même. (6)

Lorsque cette vertu cesse, l'ambition entre dans les cœurs qui peuvent la recevoir, et l'avarice[2] entre dans tous. Les désirs changent d'objets : ce qu'on aimait, on ne l'aime plus; on
45 était libre avec les lois, on veut être libre contre elles; chaque citoyen est comme un esclave échappé de la maison de son maître; ce qui était *maxime*, on l'appelle *rigueur ;* ce qui était *règle*, on l'appelle *gêne ;* ce qui y était *attention*, on l'appelle *crainte*. C'est la frugalité qui y est l'avarice, et non pas le
50 désir d'avoir. Autrefois le bien des particuliers faisait le trésor public; mais pour lors le trésor public devient le patrimoine des particuliers. La république est une dépouille; et sa force

---

1. Allusion à Platon, qui dit dans le *Gorgias* que les hommes politiques de son temps ont « rempli la république de ports, d'arsenaux, de murailles, de tributs et d'autres bagatelles, sans y joindre la justice et la tempérance »; 2. *Avarice :* avidité. A la période classique, ce terme n'a pas le sens moderne qui insiste sur le côté négatif de la possession, sur le goût de détenir en refusant toute remise en circulation; l'*avarice* marque alors l'aspect positif, la recherche d'une accumulation maximale de biens.

--- **QUESTIONS** ---

6. Montrez que les trois exemples présentent différents aspects du rapport vertu-démocratie. — Dégagez les diverses causes de l'échec de l'instauration de la république en Angleterre (§ 4); comparez avec le paragraphe 2. Est-il vrai que la révolution anglaise se soit soldée par un retour pur et simple à son point de départ? Quelle attitude à l'égard de l'Angleterre transparaît à travers ce paragraphe 4 (étudiez en particulier le vocabulaire et le ton)? — Montesquieu rend-il compte de la décadence de la vertu à Rome (§ 5)? Peut-on lui reprocher de simplement reculer la nécessité d'une explication? — Expliquez *Ceux d'aujourd'hui* par opposition aux *politiques grecs, qui vivaient dans le gouvernement populaire* (§ 6). Quelle idée importante apparaît dans ce paragraphe sur les rapports entre la démocratie et la vertu, d'une part, l'économie et le luxe, d'autre part (voir livre VII)? — On reproche souvent à Montesquieu de raisonner sur des types politiques idéaux; ne le voit-on pas, au contraire, dans ce passage choisir ses exemples dans des situations politiques intermédiaires, impures? — Quelles chances de subsister Montesquieu semble-t-il accorder à une démocratie moderne?

n'est plus que le pouvoir de quelques citoyens et la licence de tous. (7)

55 Athènes eut dans son sein les mêmes forces pendant qu'elle domina avec tant de gloire, et pendant qu'elle servit avec tant de honte. Elle avait vingt mille citoyens lorsqu'elle défendit les Grecs contre les Perses, qu'elle disputa l'empire à Lacédémone, et qu'elle attaqua la Sicile[1]. Elle en avait vingt mille
60 lorsque Démétrius de Phalère les dénombra comme dans un marché l'on compte les esclaves[2]. Quand Philippe osa dominer dans la Grèce, quand il parut aux portes d'Athènes, elle n'avait encore perdu que le temps. On peut voir dans Démosthène quelle peine il fallut pour la réveiller : on y craignait Philippe,
65 non pas comme l'ennemi de la liberté, mais des plaisirs[3]. Cette ville, qui avait résisté à tant de défaites, qu'on avait vue renaître après ses destructions, fut vaincue à Chéronée[4], et le fut pour toujours. Qu'importe que Philippe renvoie tous les prisonniers? Il ne renvoie pas des hommes. Il était toujours aussi aisé de
70 triompher des forces d'Athènes qu'il était difficile de triompher de sa vertu.

Comment Carthage aurait-elle pu se soutenir? Lorsque Annibal, devenu préteur, voulut empêcher les magistrats de piller la république, n'allèrent-ils pas l'accuser devant les

---

1. Allusion aux grands événements de l'histoire athénienne au Vᵉ siècle av. J.-C. : guerres médiques et guerre du Péloponnèse, dont l'expédition de Sicile (415-413) fut pour Athènes un épisode catastrophique, prélude de l'effondrement final (404); 2. *Démétrios de Phalère* : gouverneur d'Athènes (317-307); quand la cité fut tombée sous la domination macédonienne, administrateur méthodique, il fit un recensement des citoyens; 3. Allusion à la loi athénienne, qui punissait de mort quiconque proposerait d'utiliser à des fins militaires l'argent destiné aux spectacles; 4. *Chéronée* : victoire décisive de Philippe sur les Athéniens (338 av. J.-C.).

─────── **QUESTIONS** ───────

7. Montrez que ce paragraphe se rattache logiquement au paragraphe 3. Comment Montesquieu (qui s'inspire ici de Salluste, *Jugurtha*, XXXI, et *Catilina*, XX) procède-t-il pour nous faire comprendre ce qu'est la vertu? Appliquez au texte ces lignes de Brunetière : « Ce style haché et heurté, sentencieux et épigrammatique, qui procède par addition successive de traits également forts, ces antithèses qui expliquent les lois des choses en fixant le sens des mots, ces remarques de grammairien qui sont en même temps les observations d'un moraliste et d'un homme d'État, une certaine fierté stoïque, je ne sais si je ne devrais dire une certaine tristesse qui recouvre et enveloppe tout le reste, voilà ce qui était sans modèles dans la langue française et dont nous n'avons revu depuis lors que de faibles imitations. » — A quel régime aboutit la corruption de la république?

75 Romains[1]? Malheureux, qui voulaient être citoyens sans qu'il
y eût de cité, et tenir leurs richesses de la main de leurs des-
tructeurs! Bientôt Rome leur demanda pour otages trois
cents de leurs principaux citoyens; elle se fit livrer les armes
et les vaisseaux, et ensuite leur déclara la guerre. Par les choses
80 que fit le désespoir dans Carthage désarmée[2], on peut juger
de ce qu'elle aurait pu faire avec sa vertu, lorsqu'elle avait
ses forces. **(8) (9)**

5. QUE LA VERTU N'EST POINT LE PRINCIPE
DU GOUVERNEMENT MONARCHIQUE

Dans les monarchies, la politique fait faire les grandes
choses avec le moins de vertu qu'elle peut; comme, dans les
plus belles machines, l'art emploie aussi peu de mouvements,
de forces et de roues qu'il est possible.

5 L'État subsiste indépendamment de l'amour pour la patrie,
du désir de la vraie gloire, du renoncement à soi-même, du

---

1. Allusion aux événements qui suivirent la deuxième guerre punique : Annibal,
après la défaite de sa patrie (202 av. J.-C.), fut nommé suffète et tenta une politique
de relèvement national. Dénoncé par ses ennemis politiques aux Romains, il s'enfuit
en Orient; 2. Allusion à la troisième guerre punique, qui aboutit à la destruction
totale de Carthage. Montesquieu accélère le cours de l'Histoire : en fait, il se passa
plus de cinquante ans entre la fin de la deuxième guerre punique (202) et la troisième
(149-146 av. J.-C.).

—————— **QUESTIONS** ——————

8. Quelles différences ces exemples présentent-ils avec ceux des paragraphes 4-6? — Par quelle méthode scientifique Montesquieu démontre-
t-il que c'est la corruption de la vertu qui est responsable de la
décadence d'Athènes? — Comparez les dernières phrases des deux
paragraphes : le rapport vertu-forces est-il le même dans les deux cas?
— Étudiez le style de ces deux paragraphes (rythmes, emploi du temps,
reprises de termes, apostrophes, formules, etc.); montrez que l'huma-
nisme de Montesquieu s'exalte à évoquer ces souvenirs antiques. Peut-on
en conclure qu'il soit républicain, comme le voulait Faguet?

9. SUR L'ENSEMBLE DU CHAPITRE 3. — Étudiez le mélange de rigueur
et de désordre dans ce chapitre.
— Récapitulez les différentes indications qui permettent de définir la
vertu politique selon Montesquieu. Illustrez l'influence qu'a eue cette
idée dans l'histoire, et particulièrement pendant la Révolution. N'est-ce
pas une certaine ambiguïté, dont Montesquieu se défendait, qui lui a
permis de devenir une idée-force? (Cf. Robespierre, discours du
7 février 1794 : « Il est vrai que ce sentiment sublime [la vertu « qui
n'est autre chose que l'amour de la Patrie et de ses lois »] suppose la
préférence de l'intérêt public à tous les intérêts particuliers, d'où il résulte
que l'amour de la Patrie suppose encore ou produit toutes les vertus. »)

sacrifice de ses plus chers intérêts, et de toutes ces vertus héroïques que nous trouvons dans les anciens, et dont nous avons seulement entendu parler. **(10)**

10 Les lois y tiennent la place de toutes ces vertus, dont on n'a aucun besoin; l'État vous en dispense : une action qui se fait sans bruit, y est en quelque façon sans conséquence. **(11)**

Quoique tous les crimes soient publics par leur nature, on distingue pourtant les crimes véritablement publics d'avec les 15 crimes privés, ainsi appelés parce qu'ils offensent plus un particulier que la société entière.

Or, dans les républiques, les crimes privés sont plus publics, c'est-à-dire choquent plus la constitution de l'État, que les particuliers; et, dans les monarchies, les crimes publics sont 20 plus privés, c'est-à-dire choquent plus les fortunes particulières que la constitution de l'État même. **(12)**

Je supplie qu'on ne s'offense pas de ce que j'ai dit; je parle après toutes les histoires. Je sais très bien qu'il n'est pas rare qu'il y ait des princes vertueux; mais je dis que, dans une 25 monarchie, il est très difficile que le peuple le soit[1].

---

1. Je parle ici de la vertu politique, qui est la vertu morale dans le sens qu'elle se dirige au bien général, fort peu des vertus morales particulières, et point du tout de cette vertu qui a du rapport aux vérités révélées. On verra bien ceci au livre V, 2 (Note de Montesquieu).

━━ QUESTIONS ━━━━━━━━━━━━━━━━━━

10. La comparaison entre la monarchie et *les plus belles machines* est-elle uniquement dictée à Montesquieu par la prudence? Montrez qu'il admire précisément dans la monarchie l'économie de moyens humains et conscients, ce que Hegel appellera une « ruse de la raison ». — Précisez l'image mécaniciste; à quelle *machine* peut penser plus particulièrement Montesquieu? A quel *philosophe* renvoie cette image? A quoi, par contre, ceux qu'on appelle les « vitalistes » comparent-ils la société? — En quoi consiste la *vraie gloire* (§ 2)? Trouvez un écho à cet adjectif à la fin du chapitre 7. — L'héroïsme dans la vertu : montrez que Montesquieu l'admire, mais, en même temps, s'en méfie sur le plan politique; pourquoi?

11. Montrez que pour Montesquieu la monarchie est le seul régime à être entièrement « politique ». Expliquez la dernière phrase; dégagez son ambiguïté, selon qu'on l'examine sous un angle politique ou moral; n'est-ce pas précisément cette séparation des plans individuel et social qui séduit Montesquieu dans la monarchie?

12. Dégagez la transition avec ce qui précède; donnez des exemples de *crimes publics* et de *crimes privés*; pour expliquer pourquoi en démocratie les crimes privés sont plus publics, appuyez-vous sur la nature et les lois fondamentales du régime (voir II, 2). Dans les monarchies, le bien public est moins dépendant des intentions des particuliers : pourquoi?

Qu'on lise ce que les historiens de tous les temps ont dit sur la cour des monarques ; qu'on se rappelle les conversations des hommes de tous les pays sur le misérable caractère des courtisans : ce ne sont point des choses de spéculation, mais
30 d'une triste expérience.

L'ambition dans l'oisiveté, la bassesse dans l'orgueil, le désir de s'enrichir sans travail, l'aversion pour la vérité, la flatterie, la trahison, la perfidie, l'abandon de tous ses engagements, le mépris des devoirs du citoyen, la crainte de la vertu
35 du prince, l'espérance de ses faiblesses, et plus que tout cela, le ridicule perpétuel jeté sur la vertu, forment, je crois, le caractère du plus grand nombre des courtisans, marqué dans tous les lieux et dans tous les temps. Or il est très malaisé que la plupart des principaux d'un État soient malhonnêtes gens, et
40 que les inférieurs soient gens de bien ; que ceux-là soient trompeurs, et que ceux-ci consentent à n'être que dupes.

Que si, dans le peuple, il se trouve quelque malheureux honnête homme[1], le cardinal de Richelieu, dans son testament politique, insinue qu'un monarque doit se garder de s'en servir[2].
45 Tant il est vrai que la vertu n'est pas le ressort de ce gouvernement ! Certainement elle n'en est point exclue ; mais elle n'en est pas le ressort. **(13) (14)**

---

1. Entendez ceci dans le sens de la note précédente (Note de Montesquieu) ; 2. Il ne faut pas, y est-il dit, se servir des gens de bas lieu ; ils sont trop austères et trop difficiles (Note de Montesquieu).

--- **QUESTIONS** ---

13. Pourquoi Montesquieu intervient-il personnellement dans le paragraphe 6 ? Étudiez dans les paragraphes 6 et 7 le mélange de prudence, d'inquiétude et de fermeté. Montrez qu'il ne se contente pas de rappels historiques, mais se lance aussi dans la « spéculation ». — La critique des courtisans : cherchez des antécédents à ce lieu commun ; appréciez la force du passage (antithèses, progressions, choix des mots, etc.) ; montrez que l'abstraction, loin de lui nuire, lui donne une vigueur particulière ; Montesquieu ne prend-il pas pourtant quelques précautions ? — Examinez cette objection de Paul Janet à propos du paragraphe 8 : « Montesquieu, en exagérant ici la corruption des cours, se rend très difficile à lui-même de prouver plus tard que le principe de la monarchie est l'honneur. » — Montesquieu écrit dans *Mes pensées*, n° 595 : « Les deux plus méchants citoyens que la France ait eus : Richelieu et Louvois. » Ne peut-on trouver une contradiction entre ce jugement et l'emploi qu'il fait des théories de Richelieu au paragraphe 9 ?

14. SUR L'ENSEMBLE DU CHAPITRE 5. — Montrez qu'il se produit au cours de ce chapitre un glissement de la monarchie idéale à la monarchie française.

6. COMMENT ON SUPPLÉE À LA VERTU
DANS LE GOUVERNEMENT MONARCHIQUE

Je me hâte, et je marche à grands pas, afin qu'on ne croie pas que je fasse une satire du gouvernement monarchique. Non; s'il manque d'un ressort, il en a un autre : L'HONNEUR, c'est-à-dire le préjugé de chaque personne et de chaque condi-
5 tion, prend la place de la vertu politique dont j'ai parlé, et la représente partout. Il y peut inspirer les plus belles actions; il peut, joint à la force des lois, conduire au but du gouvernement comme la vertu même. **(15)**

Ainsi, dans les monarchies bien réglées, tout le monde sera
10 à peu près bon citoyen, et on trouvera rarement quelqu'un qui soit homme de bien; car, pour être homme de bien, il faut avoir intention de l'être, et aimer l'État moins pour soi que pour lui-même. **(16) (17)**

7. DU PRINCIPE DE LA MONARCHIE

Le gouvernement monarchique suppose, comme nous avons dit, des prééminences, des rangs, et même une noblesse d'origine. La nature de l'*honneur* est de demander des préférences et des distinctions; il est donc, par la chose même, placé dans
5 ce gouvernement.

L'ambition est pernicieuse dans une république. Elle a de bons effets dans la monarchie; elle donne la vie à ce

--- **QUESTIONS** ---

15. Étudiez le rythme et le ton du début de ce paragraphe; montrez que Montesquieu nous donne l'impression que nous assistons à la création de l'œuvre. — La définition de l'honneur : commentez cette explication de Camille Jullian : « Le préjugé est dans l'ordre moral ce que le privilège est dans l'ordre politique. On comprend par là le lien étroit qui unit ce principe de l'honneur à la nature du gouvernement monarchique, caractérisée par l'équilibre ou la coexistence du roi et des ordres privilégiés. »

16. Définissez le *bon citoyen* par opposition à l'*homme de bien*. Que faut-il entendre par *monarchies bien réglées*?

17. SUR L'ENSEMBLE DU CHAPITRE 6. — La substitution de l'honneur à la vertu : montrez que l'honneur et la vertu politique sont tous deux, selon le mot de L. Althusser, des « passions culturelles et sociales ».

gouvernement; et on y a cet avantage, qu'elle n'y est pas dangereuse, parce qu'elle y peut être sans cesse réprimée. **(18)**

10   Vous diriez qu'il en est comme du système de l'univers, où il y a une force qui éloigne sans cesse du centre tous les corps, et une force de pesanteur qui les y ramène. L'honneur fait mouvoir toutes les parties du corps politique; il les lie par son action même; et il se trouve que chacun va au bien commun, 15 croyant aller à ses intérêts particuliers. **(19)**

Il est vrai que, philosophiquement parlant, c'est un honneur faux qui conduit toutes les parties de l'État; mais cet honneur faux est aussi utile au public, que le vrai le serait aux particuliers qui pourraient l'avoir.

---------- **QUESTIONS** ----------

18. Les rapports entre nature et principe d'après le paragraphe premier : montrez que Montesquieu conçoit l'État comme une totalité réelle, possédant une raison propre rendant compte de tous les détails de son fonctionnement. L'unité de la nature et du principe; trouvez dans le paragraphe 2 une formule qui exprime particulièrement bien cette unité de la forme et du principe. — A quelle « loi fondamentale » de la monarchie l'honneur est-il particulièrement lié (voir II, 4)? Ne peut-on dire alors qu'il est la passion d'une classe sociale, et que, s'il donne vie à ce régime monarchique, « il est plutôt l'enfant de la noblesse, puisque, hors l'existence de la noblesse, on ne le concevrait pas »? — Voltaire objecte à ce passage : « Il est clair par la chose même que ces préférences, ces distinctions, ces honneurs, cet honneur étaient dans la République romaine tout autant que dans les débris de cette République, qui forment aujourd'hui tant de royaumes. La préture, le consulat, les haches, les faisceaux, le triomphe valaient bien des rubans et des dignités de principaux domestiques. » Qu'est-ce que Montesquieu pourrait répondre?

19. Expliquez la comparaison avec le système de l'attraction universelle de Newton : à quel aspect de l'honneur correspond le mouvement centrifuge, à quel autre aspect le mouvement d'attraction? — Cherchez, parmi les contemporains de Montesquieu, d'autres éloges de l'activité individuelle et de la passion. Comparez aussi l'extension philosophique que Hegel donnera à cette idée : « Les passions se réalisent suivant leur détermination naturelle, mais elles produisent l'édifice de la société humaine dans laquelle elles ont conféré au droit et à l'ordre le pouvoir contre elles-mêmes. [...] L'Universel doit se réaliser par le particulier », ce qui suppose que « la Raison gouverne le monde et, par conséquent, gouverne et a gouverné l'histoire universelle ». — D'après ce paragraphe, montrez : 1º le souci scientifique de Montesquieu; 2º son pouvoir de faire voir des phénomènes abstraits; 3º sa croyance en une unité du monde (analogies, fausseté de la contradiction des apparences, etc.).

20   Et n'est-ce pas beaucoup d'obliger les hommes à faire toutes les actions difficiles, et qui demandent de la force, sans autre récompense que le bruit de ces actions? **(20) (21)**

9. DU PRINCIPE DU GOUVERNEMENT DESPOTIQUE

Comme il faut de la vertu dans une république, et dans une monarchie, de l'honneur, il faut de la CRAINTE dans un gouvernement despotique : pour la vertu, elle n'y est point nécessaire, et l'honneur y serait dangereux.

5   Le pouvoir immense du prince y passe tout entier à ceux à qui il le confie. Des gens capables de s'estimer beaucoup en eux-mêmes seraient en état d'y faire des révolutions. Il faut donc que la crainte y abatte tous les courages, et y éteigne jusqu'au moindre sentiment d'ambition. **(22)**

10   Un gouvernement modéré peut, tant qu'il veut, et sans péril, relâcher ses ressorts. Il se maintient par ses lois et par sa force même. Mais lorsque, dans le gouvernement despotique, le prince cesse un moment de lever le bras; quand il ne peut pas anéantir à l'instant ceux qui ont les premières places[1], tout est

---

1. Souvenir, peut-être, d'Hérodote (v, 92), racontant comment Thrasybule, tyran de Milet, répondit à l'envoyé de Périandre, roi de Corinthe, qui l'interrogeait sur le meilleur gouvernement : « Se promenant avec lui dans les blés [...], il coupait tous les épis plus élevés que les autres, et les jetait par terre; de sorte qu'il détruisit tout ce qu'il y avait de plus beau et de meilleur parmi ces blés. »

─────── **QUESTIONS** ───────

20. Montrez que la fausseté philosophique de l'honneur est double : d'une part, sa vérité n'est pas la vérité (voir en particulier IV, 2); d'autre part, ce mensonge produit une vérité (voir l'ensemble du chapitre).

21. SUR L'ENSEMBLE DU CHAPITRE 7. — Comparez l'honneur à la vertu; leurs effets sont-ils semblables? Lequel de ces deux principes est le plus avantageux?
— Confrontez l'analyse de Montesquieu avec ces lignes d'un historien contemporain : « C'est en Europe que l'idée nationale a donné à la royauté ce surcroît de splendeur que seule pouvait conférer l'unité d'un peuple. [...] Elle ne tenait pas à des perfections singulières : elle empruntait plutôt sa force d'une vague qui la portait et qui n'était autre que le sentiment national. [...] Versailles était le sanctuaire du nationalisme comme la royauté en était le symbole. »

22. La crainte est-elle une passion de même nature que la vertu et l'honneur? Quels renseignements en tirer sur le despotisme? — Quel point du premier paragraphe Montesquieu développe-t-il dans le second? Pourquoi cette insistance?

15 perdu : car le ressort du gouvernement, qui est la crainte, n'y étant plus, le peuple n'a plus de protecteur.

C'est apparemment dans ce sens que des cadis ont soutenu que le grand seigneur n'était point obligé de tenir sa parole ou son serment, lorsqu'il bornait par là son autorité. **(23)**

20 Il faut que le peuple soit jugé par les lois, et les grands par la fantaisie du prince; que la tête du dernier sujet soit en sûreté, et celle des bachas toujours exposée. On ne peut parler sans frémir de ces gouvernements monstrueux. Le sophi de Perse, détrôné de nos jours par Mirivéis[1], vit le gouvernement périr 25 avec la conquête parce qu'il n'avait pas versé assez de sang.

L'histoire nous dit que les horribles cruautés de Domitien effrayèrent les gouverneurs, au point que le peuple se rétablit un peu sous son règne[2]. C'est ainsi qu'un torrent, qui ravage tout d'un côté, laisse de l'autre des campagnes où l'œil voit 30 de loin quelques prairies[3]. **(24) (25)**

11. RÉFLEXION SUR TOUT CECI

Tels sont les principes des trois gouvernements : ce qui ne signifie pas que, dans une certaine république, on soit ver-

---

1. *Mirivéis* (ou Mir Uways) : chef afghan, qui se révolta en 1719 contre le sophi Hussein, prince faible et pacifique. Le fils de Mir Uways, Maghmud, le détrôna en 1722 et soumit toute la Perse; 2. Suétone, *Domitien*, VIII. Son gouvernement était militaire; ce qui est une des espèces du gouvernement despotique (Note de Montesquieu); 3. Dans le manuscrit, ce chapitre s'achevait sur une critique sévère de Machiavel, accusé « d'avoir donné aux princes [...] des principes qui ne sont nécessaires que dans le gouvernement despotique ».

━━━ **QUESTIONS** ━━━━━━━━━━━━━━━━━━━━━━━━━━

23. Rapprochez la première phrase du livre III, chapitre 3, paragraphe 3; que faut-il entendre par *gouvernement modéré*? — Expliquez : *le peuple n'a plus de protecteur* (fin du § 3); que se passe-t-il exactement quand la crainte se relâche? Dans quelle classe sociale Montesquieu situe-t-il particulièrement la crainte? — Montesquieu renvoie, pour le paragraphe 4, à Ricaut, qui a écrit (*De l'Empire ottoman*, I, 2) : « Il y a même de ces gens-là qui soutiennent que le Grand Seigneur peut se dispenser des promesses qu'il a faites par serment, quand, pour les accomplir, il faut donner des bornes à son autorité. » Appréciez ce reproche de Voltaire : « Ricaut ne parle ici que d'une secte relâchée. On dit que nous en avons eu chez nous de pareilles. [...] On ne doit, dans l'examen des lois, citer que les lois reconnues. »

24. Quelles sont les victimes principales du despotisme? Quel avertissement est ainsi donné aux monarchies européennes?

25. Questions sur l'ensemble du chapitre 9 : voir page suivante.

tueux; mais qu'on devrait l'être. Cela ne prouve pas non plus
que, dans une certaine monarchie, on ait de l'honneur, et que,
5 dans un État despotique particulier, on ait de la crainte; mais
qu'il faudrait en avoir : sans quoi le gouvernement sera
imparfait. (26)

LIVRE IV

QUE LES LOIS DE L'ÉDUCATION DOIVENT ÊTRE RELATIVES AUX PRINCIPES DU GOUVERNEMENT

CHAP. 1-7. C'est l'entrée du jeune homme dans le monde qui lui
apprendra les grandes règles de l'honneur en régime monarchique.
Dans les États despotiques, « l'éducation est en quelque façon nulle »
et ne cherche qu'à abaisser le cœur. Mais elle est extrêmement nécessaire dans les États républicains : elle doit en effet inculquer l'amour
du gouvernement; Montesquieu fait l'éloge, à ce sujet, des législateurs anciens, et en particulier de Lycurgue, auquel il trouve des

─────── **QUESTIONS** ───────

25. SUR L'ENSEMBLE DU CHAPITRE 9. — Montrez comment ce chapitre se partage entre le souci de rigueur scientifique et la haine du despotisme. Quels effets cette attitude produit-elle en particulier sur le style
de Montesquieu?

— La crainte vous paraît-elle rendre compte par elle seule du fonctionnement du despotisme? Ne peut-on trouver d'autre ressorts? (Cherchez,
en particulier, dans l'histoire contemporaine.)

— Le despotisme est pour Montesquieu un régime d'égalité extrême;
en quoi se distingue-t-il pourtant de la démocratie?

— Montesquieu écrit plus bas (chapitre 10) : « Quoique la manière
d'obéir soit différente dans ces deux gouvernements (monarchie et despotisme), le pouvoir est pourtant le même. De quelque côté que le
monarque se tourne, il emporte et précipite la balance, et est obéi. Toute
la différence est que dans la monarchie le prince a des lumières et que
les ministres y sont infiniment plus habiles et plus rompus aux affaires
que dans l'État despotique »; ce critère vous semble-t-il suffisant et
aussi net que celui qui distingue la république de la monarchie et du
despotisme? Montesquieu n'apparaît-il pas en retrait sur des passages
antérieurs?

— Appréciez cette formule de L. Althusser : « En dénonçant le despotisme, Montesquieu ne défend pas contre la politique de l'absolutisme
tant la liberté en général que les libertés particulières de la classe féodale. »

26. SUR LE CHAPITRE 11. — Montrez que ces lignes peuvent sembler
être non d'un analyste scientifique, mais d'un théoricien abstrait. Mais
en fait la réalité politique et le sort d'un État ne sont-ils pas déterminés
aux yeux de Montesquieu par le rapport nature-principe?

émules modernes en la personne de Penn et des jésuites du Paraguay.
Le dernier chapitre explique l'importance politique que les Grecs
attachaient à la musique : chez ce peuple de combattants et d'athlètes,
elle apportait un adoucissement des mœurs, d'autant plus appré-
ciable que « de tous les plaisirs des sens, il n'y en a aucun qui cor-
rompe moins l'âme ».

2. DE L'ÉDUCATION DANS LES MONARCHIES

Ce n'est point dans les maisons publiques où l'on instruit
l'enfance, que l'on reçoit dans les monarchies la principale
éducation; c'est lorsque l'on entre dans le monde, que l'éducation en quelque façon commence. Là est l'école de ce que
5 l'on appelle l'*honneur*, ce maître universel qui doit partout
nous conduire.

C'est là que l'on voit et que l'on entend toujours dire trois
choses : « Qu'il faut mettre dans les vertus une certaine noblesse,
dans les mœurs une certaine franchise, dans les manières une
10 certaine politesse. » **(1)**

Les vertus qu'on nous y montre sont toujours moins ce que
l'on doit aux autres, que ce que l'on se doit à soi-même : elles
ne sont pas tant ce qui nous appelle vers nos concitoyens,
que ce qui nous en distingue.

15 On n'y juge pas les actions des hommes comme bonnes,
mais comme belles; comme justes, mais comme grandes;
comme raisonnables, mais comme extraordinaires. **(2)**

Dès que l'honneur y peut trouver quelque chose de noble,
il est ou le juge qui les rend légitimes, ou le sophiste qui les
20 justifie.

───── **QUESTIONS** ─────

1. Que faut-il entendre par *le monde*? De quelle classe sociale sera-t-il
donc question dans ce chapitre? Pourquoi l'éducation « mondaine »
est-elle propre aux monarchies? — Retrouvez dans la suite du chapitre
les développements respectifs des trois points annoncés dans le paragraphe 2.

2. Montrez que Montesquieu définit les vertus monarchiques par
opposition à la vertu démocratique (§ 3). — Dégagez à partir des trois
antithèses du paragraphe 4 les critères qu'implique l'honneur. Appliquez ce passage à des personnages littéraires du XVIIᵉ siècle (voir, par
exemple, Pauline, Polyeucte, Mᵐᵉ de Clèves). — Helvétius note à propos
du paragraphe 4 : « C'est plutôt peindre des courtisans qu'une nation »;
cette remarque vous paraît-elle vraiment constituer une objection?

Il permet la galanterie lorsqu'elle est unie à l'idée des sentiments du cœur, ou à l'idée de conquête; et c'est la vraie raison pour laquelle les mœurs ne sont jamais si pures dans les monarchies que dans les gouvernements républicains.

25 Il permet la ruse lorsqu'elle est jointe à l'idée de la grandeur de l'esprit ou de la grandeur des affaires, comme dans la politique, dont les finesses ne l'offensent pas.

Il ne défend l'adulation que lorsqu'elle est séparée de l'idée d'une grande fortune, et n'est jointe qu'au sentiment de sa 30 propre bassesse. (3)

A l'égard des mœurs, j'ai dit que l'éducation des monarchies doit y mettre une certaine franchise. On y veut donc de la vérité dans les discours. Mais est-ce par amour pour elle? point du tout. On la veut, parce qu'un homme qui est accou- 35 tumé à la dire paraît être hardi et libre. En effet, un tel homme semble ne dépendre que des choses, et non pas de la manière dont un autre les reçoit.

C'est ce qui fait qu'autant qu'on y recommande cette espèce de franchise, autant on y méprise celle du peuple, qui n'a que 40 la vérité et la simplicité pour objet. (4)

Enfin, l'éducation dans les monarchies exige dans les manières une certaine politesse. Les hommes, nés pour vivre ensemble, sont nés aussi pour se plaire; et celui qui n'observerait pas les

───────── **QUESTIONS** ─────────

3. Sens de *noble* (§ 5). Expliquez l'opposition *juge-sophiste* (§ 5); montrez qu'elle implique une attitude critique chez Montesquieu; confrontez cette attitude avec l'emploi, fréquent dans ce passage, de la première personne du pluriel. — Montrez, en analysant les paragraphes 6-8, comment l'honneur procède. Peut-on rapprocher de ce passage de la *VIIᵉ Provinciale*, qui fait dire à un jésuite : « Nous conjurons le vice au moyen de la pureté des intentions »? Montesquieu parle-t-il de pureté? Quel mot emploie-t-il? Montrez que les deux vocables s'opposent comme l'absolu au relatif. — Montesquieu a parlé, au livre II, chapitre 4, lignes 65-66, du « mépris [de la noblesse] pour le gouvernement civil » : est-ce contradictoire avec le paragraphe 7 de notre chapitre?

4. Illustrez ces deux sortes de franchise. Comparez avec celle que réclame Alceste (*le Misanthrope*, I, ι, vers 35-80). Balthasar Gratian dit de l'ostentation, en 1646, dans *l'Homme de l'ostentation* : « C'est le talent qui donne du lustre à tous les autres. » Et Faret (*l'Honnête Homme ou l'Art de plaire à la Cour*, 1630) : « Ce n'est pas tout que d'avoir du mérite, il le faut savoir débiter et le faire valoir. L'industrie aide beaucoup à faire éclater la vertu. » A l'aide de ces textes, dégagez ce qu'il y a d'ambigu dans la *franchise* dont parle Montesquieu.

bienséances, choquant tous ceux avec qui il vivrait, se décré-
45 diterait[1] au point qu'il deviendrait incapable de faire aucun
bien.

Mais ce n'est pas d'une source si pure que la politesse a
coutume de tirer son origine. Elle naît de l'envie de se distinguer. C'est par orgueil que nous sommes polis : nous nous
50 sentons flattés d'avoir des manières qui prouvent que nous
ne sommes pas dans la bassesse, et que nous n'avons pas vécu
avec cette sorte de gens que l'on a abandonnés dans tous les âges.

Dans les monarchies, la politesse est naturalisée à la cour.
Un homme excessivement grand rend tous les autres petits.
55 De là les égards que l'on doit à tout le monde; de là naît la
politesse, qui flatte autant ceux qui sont polis que ceux à
l'égard de qui ils le sont; parce qu'elle fait comprendre qu'on
est de la cour, ou qu'on est digne d'en être.

L'air de la cour consiste à quitter sa grandeur propre, pour
60 une grandeur empruntée. Celle-ci flatte plus un courtisan que
la sienne même. Elle donne une certaine modestie superbe qui
se répand au loin, mais dont l'orgueil diminue insensiblement,
à proportion de la distance où l'on est de la source de cette
grandeur. **(5)**

65 On trouve à la cour une délicatesse de goût en toutes choses,
qui vient d'un usage continuel des superfluités d'une grande
fortune, de la variété, et surtout de la lassitude des plaisirs,

---

1. Discréditer est ancien, mais, jusqu'au XVIIIᵉ siècle, plus rare que décréditer.

——— QUESTIONS ———

5. Montrez que le paragraphe 2 semble contredire la dernière phrase
du paragraphe 9, mais que le paragraphe 12 vient résoudre la difficulté.
Ne retrouve-t-on pas dans cette dialectique de l'ostentation et de la
dissimulation une démarche que Montesquieu prête souvent à l'honneur
(voir, par exemple, III, 6)? — A quel moraliste vous fait penser en particulier la phrase *C'est par orgueil que nous sommes polis?* — Expliquez *naturalisée*, à la première ligne du paragraphe 13. — Comparez
les paragraphes 13-14 aux passages où le chevalier de Méré écrit qu'il
faut « regarder ce qu'on fait comme une comédie, et s'imaginer qu'on
joue un personnage de théâtre », que « l'essentiel est de « paraître honnête
homme en toute rencontre », mais que « pour le paraître, il faut l'être
en effet; car les apparences du dehors ne sont que les images des actions
intérieures ». La conception de l'honneur de Montesquieu vous semble-
t-elle se rallier à cette conciliation de l'être et du paraître?

de la multiplicité, de la confusion même des fantaisies, qui, lorsqu'elles sont agréables, y sont toujours reçues. (6)

70 C'est sur toutes ces choses que l'éducation se porte pour faire ce qu'on appelle l'honnête homme, qui a toutes les qualités et toutes les vertus que l'on demande dans ce gouvernement. (7)

Là l'honneur, se mêlant partout, entre dans toutes les façons 75 de penser et toutes les manières de sentir, et dirige même les principes.

Cet honneur bizarre fait que les vertus ne sont que ce qu'il veut, et comme il les veut : il met, de son chef, des règles à tout ce qui nous est prescrit; il étend ou il borne nos devoirs 80 à sa fantaisie, soit qu'ils aient leur source dans la religion, dans la politique, ou dans la morale.

Il n'y a rien dans la monarchie que les lois, la religion et l'honneur prescrivent tant que l'obéissance aux volontés du prince : mais cet honneur nous dicte que le prince ne doit 85 jamais nous prescrire une action qui nous déshonore, parce qu'elle nous rendrait incapables de le servir.

Crillon refusa d'assassiner le duc de Guise, mais il offrit à Henri III de se battre contre lui. Après la Saint-Barthélemy, Charles IX ayant écrit à tous les gouverneurs de faire massa-90 crer les huguenots, le vicomte d'Orte, qui commandait dans Bayonne, écrivit au roi : « Sire, je n'ai trouvé parmi les habitants et les gens de guerre que de bons citoyens, de braves soldats, et pas un bourreau; ainsi, eux et moi, supplions Votre Majesté d'employer nos bras et nos vies à choses faisables[1]. » 95 Ce grand et généreux courage regardait une lâcheté comme une chose impossible.

---

1. Fait rapporté d'après l'*Histoire universelle* d'Agrippa d'Aubigné (1616-1620).

——— **QUESTIONS** ———

6. Montrez que le paragraphe 15 définit le goût non pas comme le sentiment d'un beau absolu, mais comme le produit d'un certain comportement social; quel mot est particulièrement révélateur de ce relativisme esthétique?

7. Pour cette conception de l'honnête homme, outre les textes cités dans les précédentes questions, comparez Pascal, *Pensées*, n°s 34-38 (édition Brunschvicg), et La Bruyère, *les Caratères*, chapitre « Des jugements ». Comparez aussi cette phrase de Toussaint (*les Mœurs*, 1748) : « Tous les honnêtes gens ensemble ne valent pas un homme vertueux. »

Il n'y a rien que l'honneur prescrive plus à la noblesse que de servir le prince à la guerre. En effet, c'est la profession distinguée, parce que ses hasards, ses succès et ses malheurs
100 mêmes conduisent à la grandeur. Mais, en imposant cette loi, l'honneur veut en être l'arbitre; et, s'il se trouve choqué, il exige ou permet qu'on se retire chez soi.

Il veut qu'on puisse indifféremment aspirer aux emplois, ou les refuser; il tient cette liberté au-dessus de la fortune
105 même.

L'honneur a donc ses règles suprêmes, et l'éducation est obligée de s'y conformer. Les principales sont : qu'il nous est bien permis de faire cas de notre fortune, mais qu'il nous est souverainement défendu d'en faire aucun de notre vie.

110 La seconde est que, lorsque nous avons été une fois placés dans un rang, nous ne devons rien faire ni souffrir qui fasse voir que nous nous tenons inférieurs à ce rang même.

La troisième, que les choses que l'honneur défend sont plus rigoureusement défendues, lorsque les lois ne concourent
115 point à les proscrire; et que celles qu'il exige sont plus fortement exigées, lorsque les lois ne les demandent pas. **(8) (9)**

─────────── **QUESTIONS** ───────────

8. Montrez comment, dans ce passage, le rythme et le style traduisent la présence envahissante de l'honneur; comparez sur ce point avec les paragraphes précédents. — Comment comprenez-vous *bizarre* (première ligne du § 18)? Trouvez en III, 7 une qualification approchante. — Honneur et obéissance : montrez que l'honneur est, d'une certaine façon, le droit de désobéir; à quelle situation historique et politique cette morale convient-elle particulièrement (voir § 19-21)? Connaissez-vous d'autres conceptions de l'honneur, spécialement sur le plan militaire? Cf. Vigny, *Servitude et grandeur militaires* : « Ce n'est pas sans dessein que j'ai essayé de tourner les regards de l'Armée vers cette grandeur passive qui repose toute dans l'abnégation et la résignation... » — Comment l'individualisme de l'honneur, fortement mis en valeur par les trois derniers paragraphes, peut-il fonder une société?

9. SUR L'ENSEMBLE DU CHAPITRE 2. — Appréciez cette réflexion de P. Janet : « L'honneur, entendu dans un sens étroit, est surtout le préjugé aristocratique; dans un sens large, il est la vertu proprement dite, ou du moins une de ses parties. » Cette contradiction se manifeste-t-elle dans le chapitre?

LIVRE V

QUE LES LOIS QUE LE LÉGISLATEUR DONNE DOIVENT ÊTRE RELATIVES AU PRINCIPE DU GOUVERNEMENT

CHAP. 1-15. *La conservation des principes par les lois.*

a) *Dans une démocratie*, les lois doivent favoriser la vertu, c'est-à-dire l'amour de l'égalité et de la frugalité : partage des terres, réglementation de l'héritage et des mariages, régime censitaire, modestie des fortunes, puissance du Sénat, maintien des coutumes anciennes, autorité des magistrats, autorité paternelle.

b) *Dans une aristocratie*, il s'agit de maintenir les nobles dans « la modestie et la simplicité des manières »; ils ne lèveront pas eux-mêmes les impôts et ne se livreront pas au commerce; un magistrat impitoyable les surveillera, et on prendra des mesures pour éviter aussi bien qu'ils soient exagérément riches et extrêmement pauvres.

c) *Dans la monarchie*, il faut des lois qui favorisent la noblesse, et les corps intermédiaires; c'est eux en effet qui assurent « l'excellence de la monarchie », en évitant une promptitude exagérée de l'exécution des décisions royales et en garantissant la stabilité du régime : si la monarchie connaît des guerres civiles, elle ignore les révolutions.

d) *Le gouvernement despotique* a besoin de peu de lois : « La conservation de l'État n'est que la conservation du prince, ou plutôt du palais où il est enfermé »; l'avidité ruineuse du prince ne peut guère être freinée que par quelque coutume; aucune loi ne peut fixer la succession au trône, livrée aux intrigues et aux crimes; pratique de l'usure, médiocrité du commerce, confiscations, tout cela ne favorise guère une législation complexe; et si ce régime est si largement répandu, c'en est précisément la raison : « Comme il ne faut que des passions pour l'établir, tout le monde est bon pour cela. »

3. CE QUE C'EST QUE L'AMOUR DE LA RÉPUBLIQUE DANS LA DÉMOCRATIE

L'amour de la république, dans une démocratie, est celui de la démocratie; l'amour de la démocratie est celui de l'égalité[1].

L'amour de la démocratie est encore l'amour de la frugalité. Chacun devant y avoir le même bonheur et les mêmes avan-

---

1. Montesquieu a défini la vertu, au chapitre précédent, comme étant l'amour de la république.

5 tages, y doit goûter les mêmes plaisirs, et former les mêmes
espérances; chose qu'on ne peut attendre que de la frugalité
générale.

L'amour de l'égalité, dans une démocratie, borne l'ambition
au seul désir, au seul bonheur de rendre à sa patrie de plus
10 grands services que les autres citoyens. Ils ne peuvent pas
lui rendre tous des services égaux; mais ils doivent tous également lui en rendre. En naissant, on contracte envers elle une
dette immense dont on ne peut jamais s'acquitter.

Ainsi les distinctions y naissent du principe de l'égalité,
15 lors même qu'elle paraît ôtée par des services heureux, ou par
des talents supérieurs.

L'amour de la frugalité borne le désir d'avoir à l'attention
que demande le nécessaire pour sa famille et même le superflu
pour sa patrie. Les richesses donnent une puissance dont un
20 citoyen ne peut pas user pour lui; car il ne serait pas égal.
Elles procurent des délices dont il ne doit pas jouir non plus
parce qu'elles choqueraient l'égalité tout de même.

Aussi les bonnes démocraties, en établissant la frugalité
domestique, ont-elles ouvert la porte aux dépenses publiques,
25 comme on fit à Athènes et à Rome. Pour lors la magnificence
et la profusion naissaient du fonds de la frugalité même :
et, comme la religion demande qu'on ait les mains pures pour
faire des offrandes aux dieux, les lois voulaient des mœurs
frugales pour que l'on pût donner à sa patrie[1].

30 Le bon sens et le bonheur des particuliers consistent beaucoup
dans la médiocrité[2] de leurs talents et de leurs fortunes. Une
république où les lois auront formé beaucoup de gens médiocres,
composée de gens sages, se gouvernera sagement; composée
de gens heureux, elle sera très heureuse[3]. **(1)**

---

1. Montesquieu pense aux lois somptuaires (voir VII, 2) et aux charges (spectacles,
équipements nationaux, etc.) qui pesaient sur les riches, et qui n'empêchait guère
l'existence de grandes inégalités de fortune; 2. *Médiocrité* : état de ce qui est moyen,
modéré; 3. Aristote, *Politique*, VI, 9 : « Si le bonheur consiste dans l'exercice facile
et permanent, et que la vertu n'est qu'un milieu entre deux extrêmes [...], les États
bien administrés sont ceux où la classe moyenne est plus nombreuse. C'est un grand
bonheur que tous les citoyens aient une fortune médiocre, mais suffisant à tous les
besoins. Partout où la fortune extrême est à côté de l'extrême indigence, ces deux
excès amènent ou la démagogie absolue, ou l'oligarchie pure, ou la tyrannie. »

QUESTIONS

1. Questions sur le chapitre 3 : voir page suivante.

9. COMMENT LES LOIS SONT RELATIVES
À LEUR PRINCIPE DANS LA MONARCHIE

L'honneur étant le principe de ce gouvernement, les lois doivent s'y rapporter.

Il faut qu'elles y travaillent à soutenir cette Noblesse, dont l'honneur est, pour ainsi dire, l'enfant et le père.

5 Il faut qu'elles la rendent héréditaire, non pas pour être le terme entre le pouvoir du prince et la faiblesse du peuple, mais le lien de tous les deux.

Les substitutions[1], qui conservent les biens dans les familles, seront très utiles dans ce gouvernement, quoiqu'elles ne 10 conviennent pas dans les autres.

Le retrait lignager[2] rendra aux familles nobles les terres que la prodigalité d'un parent aura aliénées.

Les terres nobles auront des privilèges, comme les personnes. On ne peut pas séparer la dignité du monarque de celle du 15 royaume; on ne peut guère séparer non plus la dignité du noble de celle de son fief.

---

1. *Substitution* : droit attaché à certaines propriétés nobiliaires, par lequel le propriétaire ne pouvant les aliéner, elles passent aux héritiers mâles; 2. *Retrait lignager* : action par laquelle un parent du côté et ligne d'où était venu à un vendeur l'héritage par lui vendu, pouvait, dans un délai fixé, rentrer en possession de l'héritage, en remboursant le prix de l'achat.

QUESTIONS

1. SUR LE CHAPITRE 3. — Expliquez pourquoi l'amour de l'égalité et celui de la frugalité sont nécessaires à la démocratie. Montrez le soin que prend Montesquieu à les traiter symétriquement (en particulier § 4 et 6). Égalité et frugalité sont-elles pourtant exactement sur le même pied (§ 2 et 5)?

— Montrez le souci de Montesquieu de ne pas confondre égalité et égalitarisme.

— Les rapports égalité-inégalité, frugalité-luxe : comparez cette dialectique à celle que Montesquieu dégage en III, 7, entre honneur et intérêt commun.

— Montrez que l'amour de l'égalité et celui de la frugalité se définissent surtout de façon restrictive (§ 3 et 5); quelle relation ce fait suggère-t-il avec certaines formes de la sagesse antique?

— Relevez et commentez les images que Montesquieu emploie pour évoquer les sentiments du démocrate envers sa patrie (en particulier § 2, 5, 6). Faites la part de l'influence antique dans ces idées de Montesquieu; comparez le paragraphe final avec le texte d'Aristote cité par la note 3; Montesquieu vous paraît-il soucieux d'adapter sa conception de la démocratie à l'évolution du monde et de la société?

Toutes ces prérogatives seront particulières à la Noblesse, et ne passeront point au peuple, si l'on ne veut choquer le principe du gouvernement, si l'on ne veut diminuer la force
20 de la Noblesse et celle du peuple.

Les substitutions gênent le commerce; le retrait lignager fait une infinité de procès nécessaires; et tous les fonds du royaume vendus sont au moins, en quelque façon, sans maître pendant un an. Des prérogatives attachées à des fiefs donnent
25 un pouvoir très à charge à ceux qui les souffrent. Ce sont des inconvénients particuliers de la Noblesse, qui disparaissent devant l'utilité générale qu'elle procure. Mais quand on les communique au peuple, on choque inutilement tous les principes.

On peut, dans les monarchies, permettre de laisser la plus
30 grande partie de ses biens à un de ses enfants; cette permission n'est même bonne que là.

Il faut que les lois favorisent tout le commerce que la constitution de ce gouvernement peut donner; afin que les sujets puissent, sans périr, satisfaire aux besoins toujours renaissants
35 du prince et de sa cour.

Il faut qu'elles mettent un certain ordre dans la manière de lever les tributs, afin qu'elle ne soit pas plus pesante que les charges mêmes.

La pesanteur des charges produit d'abord le travail; le tra-
40 vail, l'accablement; l'accablement, l'esprit de paresse. **(2)**

────────── **QUESTIONS** ──────────

2. SUR LE CHAPITRE 9. — Montrez que les dispositions préconisées en faveur de la noblesse sont essentiellement d'ordre économique; Montesquieu ne le reconnaît-il pas au paragraphe 6? Montrez qu'il cherche pourtant à déguiser l'économique et le politique en termes de morale, en particulier dans la formule du paragraphe 2 (voir aussi XXVIII, 20); y parvient-il?

— Montesquieu explique-t-il comment la force de la noblesse fait la force du peuple (§ 7), et quelle « utilité générale » la noblesse procure? Quelle opposition, en particulier, voyez-vous entre les notions de *terme* et de *lien* (§ 3)? Montrez comment apparaît nettement dans tout ce chapitre que ce « principe » est en réalité une classe sociale.

— Quel contrat entre le roi, la noblesse et la bourgeoisie marchande Montesquieu veut-il établir (deux derniers paragraphes)? Précisez les obligations et les bénéfices de chacun; qui vous semble en tirer le meilleur profit? Cet accord concerne-t-il toute la nation ou en exclut-il une partie (sens du mot *peuple?*)

CHAP. 10-12. *Les avantages du gouvernement monarchique.*

a) L'avantage d'un gouvernement monarchique *sur son homologue républicain* est la rapidité avec laquelle se traitent les affaires, menées par une seule personne. Mais, pour des raisons d'équilibre, « les lois y mettront une certaine lenteur ».

b) Si le *despotisme* amène le peuple à commettre des excès, la présence de corps intermédiaires dans la monarchie assure la stabilité des institutions essentielles.

c) Dans un *État despotique* il n'y a ni grandeur ni gloire, ce qui en exclut toute magnanimité; dans l'État monarchique, au contraire, la grandeur trouve sa place grâce au rayonnement du prince.

13. IDÉE DU DESPOTISME

Quand les sauvages de la Louisiane veulent avoir du fruit, ils coupent l'arbre au pied, et cueillent le fruit. Voilà le gouvernement despotique. (3)

CHAP. 16-19. *Quelques points particuliers.*

a) La *communication du pouvoir :* si le despote passe son pouvoir entier entre les mains de ses subordonnés, le roi, en le donnant, le tempère.

b) Les *présents* qui accompagnent une requête, pratique courante en régime despotique, « sont une chose odieuse » en république; en monarchie, l'honneur est un motif plus fort que les présents.

c) Les *récompenses* données par le souverain : le despote ne peut donner que de l'argent, le monarque des distinctions; en république, la vertu se suffit à elle-même.

d) La *répartition des emplois civils et militaires :* « Il faut les unir dans la république et les séparer dans la monarchie. »

e) La *vénalité des charges :* impossible dans les États despotiques, elle est bonne dans les États monarchiques; la république la proscrit.

f) Les *censeurs :* ils sont nécessaires dans une république pour maintenir les mœurs, inutiles dans une monarchie, car « la nature de l'honneur est d'avoir pour censeur tout l'univers »; il n'en faut point dans les gouvernements despotiques.

——————— QUESTIONS ———————

3. SUR LE CHAPITRE 13. — Expliquez la comparaison. Pensez-vous que ce chapitre puisse nourrir le reproche adressé à Montesquieu de faire « de l'esprit sur les lois ».

LIVRE VI

CONSÉQUENCES DES PRINCIPES
DES DIVERS GOUVERNEMENTS,
PAR RAPPORT A LA SIMPLICITÉ DES LOIS CIVILES
ET CRIMINELLES, LA FORME DES JUGEMENTS
ET L'ÉTABLISSEMENT DES PEINES

CHAP. 1-2. *Simplicité des lois*. Les lois civiles sont beaucoup plus complexes et les occasions de procès beaucoup plus nombreuses dans les monarchies que dans les régimes despotiques, à cause de l'existence des tribunaux, des exigences de l'honneur, des différences en matière de rang et de propriété et de droit, de la jurisprudence, des privilèges. Montesquieu en vient aux lois criminelles.

2. DE LA SIMPLICITÉ DES LOIS CRIMINELLES
DANS LES DIVERS GOUVERNEMENTS

On entend dire sans cesse qu'il faudrait que la justice fût rendue partout comme en Turquie[1]. Il n'y aura donc que les plus ignorants de tous les peuples qui auront vu clair dans la chose du monde qu'il importe le plus aux hommes de savoir? **(1)**

5   Si vous examinez les formalités de la justice par rapport à la peine qu'a un citoyen à se faire rendre son bien, ou à obtenir satisfaction de quelque outrage, vous en trouverez sans doute trop. Si vous les regardez dans le rapport qu'elles ont avec la liberté et la sûreté des citoyens, vous en trouverez
10 souvent trop peu; et vous verrez que les peines, les dépenses, les longueurs, les dangers mêmes de la justice, sont le prix que chaque citoyen donne pour sa liberté. **(2)**

---

1. Montesquieu pense à des récits de voyageurs, comme Tournefort ou Bernier.

―――――― **QUESTIONS** ――――――

1. Quelle conception de la justice se manifeste ici (voir *les plus ignorants, hommes de savoir*)? A quelle idée s'oppose-t-elle? Quelle était sur ce sujet la position de la plupart des « philosophes »? Quel aspect de la personnalité de Montesquieu prend le pas dans cette question? et quels reproches encourt-il?

2. *Un citoyen ... des citoyens ... chaque citoyen :* commentez l'ordre et l'enchaînement de ces expressions; quelle grande idée chère à Montesquieu (voir Préface de *l'Esprit des lois*) apparaît dans ce paragraphe? *(Suite des Questions page suivante.)*

En Turquie, où l'on fait très peu d'attention à la fortune, à la vie, à l'honneur des sujets, on termine promptement,
15 d'une façon ou d'une autre, toutes les disputes. La manière de les finir est indifférente, pourvu qu'on finisse. Le bacha[1], d'abord éclairci, fait distribuer à sa fantaisie, des coups de bâton sur la plante des pieds des plaideurs, et les renvoie chez eux.

20 Et il serait bien dangereux que l'on y eût les passions des plaideurs : elles supposent un désir ardent de se faire rendre justice, une haine, une action[2] dans l'esprit, une constance à poursuivre. Tout cela doit être évité dans un gouvernement où il ne faut avoir d'autre sentiment que la crainte, et où tout
25 mène tout à coup, et sans qu'on le puisse prévoir, à des révolutions. Chacun doit connaître qu'il ne faut point que le magistrat entende parler de lui, et qu'il ne tient sa sûreté que de son anéantissement. (3)

Mais, dans les États modérés, où la tête du moindre citoyen
30 est considérable, on ne lui ôte son honneur et ses biens qu'après un long examen : on ne le prive de la vie que lorsque la Patrie elle-même l'attaque; et elle ne l'attaque qu'en lui laissant tous les moyens possibles de la défendre[3].

Aussi, lorsqu'un homme se rend plus absolu[4], songe-t-il
35 d'abord à simplifier les lois. On commence, dans cet État, à

---

1. *Bacha* : titre des principaux chefs militaires et gouverneurs de provinces de l'Empire turc. Voltaire fait remarquer que ce sont les cadis, ou le vizir, ou le sultan lui-même, qui rendent la justice. Il loue la rapidité de cette justice, où « nul procès, dit-il, ne peut durer plus de dix-sept jours »; 2. *Action* : activité; 3. « Cela est-il vrai en France? » demande Helvétius *(Commentaires de « l'Esprit des lois »)* ; 4. César, Cromwell et tant d'autres (Montesquieu).

— La difficulté de situer Montesquieu politiquement : montrez le mélange de conservatisme et de « progressisme » qui le distingue à la fois des philosophes bourgeois et du régime établi. — Pourquoi éprouve-t-il le besoin de recourir à la seconde personne dans ce paragraphe?

3. Appréciez cette réflexion de Voltaire à propos de la dernière phrase du paragraphe 3 : « Cette plaisanterie serait bonne à la Comédie-Italienne. Je ne sais si elle est convenable dans un livre de législation; il ne faudrait y chercher que la vérité. » — Montrez le souci de Montesquieu de bien assurer la cohérence de son système (§ 3 : rapports entre la crainte et la justice en Turquie); comment procède-t-il? Sur quelle grande idée repose ce type d'explication? Cette méthode ne tend-elle pas pourtant à constituer des ensembles trop étanches (un commentateur la qualifie de « pluraliste et discontinuiste » à la fois)? Ne peut-on aussi reprocher à Montesquieu de tomber dans un certain formalisme?

être plus frappé des inconvénients particuliers, que de la liberté des sujets, dont on ne se soucie point du tout[1].

On voit que dans les républiques il faut pour le moins autant de formalités que dans les monarchies. Dans l'un et dans l'autre gouvernement, elles augmentent en raison du cas que l'on y fait de l'honneur, de la fortune, de la vie, de la liberté des citoyens.

Les hommes sont tous égaux dans le gouvernement républicain ; ils sont égaux dans le gouvernement despotique : dans le premier, c'est parce qu'ils sont tout ; dans le second, c'est parce qu'ils ne sont rien. **(4) (5)**

CHAP. 3-8. *Forme des jugements.* La manière de juger doit être plus fixe dans une démocratie, où le peuple n'est pas jurisconsulte, que dans une monarchie, où le juge joue un rôle d'arbitre, et peut, quand la loi est imprécise, en chercher l'esprit. Pour les crimes de lèse-majesté, il est dangereux que le souverain les juge : en démocratie, le peuple doit, dans ce cas, être soumis à une censure rigoureuse ; en monarchie, le roi ne peut en aucune façon être juge, sous peine d'être juge et partie, et de perdre son plus bel attribut, « celui de faire grâce ». Quant à l'accusation, elle doit être entre les mains d'« officiers » particuliers, de manière à éviter la délation.

CHAP. 9-21. *Etablissement des peines.* La sévérité des peines va de pair avec le despotisme ; la vertu et l'honneur la rendent moins nécessaire : en effet, de manière générale, c'est moins la rigueur du châtiment que la honte qui s'y attache, qui réprime efficacement le crime ; des lois trop cruelles ne peuvent plus être exécutées, témoin le Japon. Si le régime pénal varie avec la nature du gouvernement,

---

1. Voltaire demande si l'« effroyable chaos » de la justice française « vaut mieux que la jurisprudence des Turcs, fondée sur le sens commun, l'équité et la promptitude ». Et il ajoute : « C'était à corriger nos lois que Montesquieu devait consacrer son ouvrage, et non à railler l'empereur d'Orient, le grand vizir et le divan. »

─────── **QUESTIONS** ───────

4. Que faut-il entendre par *États modérés*, si l'on se réfère en particulier à la fin du chapitre ? Montesquieu ne semble-t-il pas quelque peu escamoter le problème en substituant à la monarchie française du XVIIIe siècle l'image d'une république idéale ; cherchez à dégager les étapes de ce mouvement, la simplification du despotisme n'entre-t-elle pas dans ces vues ? Étudiez, de ce point de vue, les formules décisives du paragraphe 8. — Les symptômes juridiques que Montesquieu prête à la naissance du despotisme (§ 6) s'observent-ils toujours ? Cherchez des exemples contemporains.

5. SUR L'ENSEMBLE DU CHAPITRE 2. — Montrez que ce chapitre se construit sur un balancement régulier entre despotisme et États modérés ; quelle liberté de manœuvre ce plan laisse-t-il à Montesquieu ?

das fiedende waffer zingock.

Phot. Larousse.

SUPPLICES DES CHRÉTIENS AU JAPON AU XVIIᵉ SIÈCLE
LES EAUX BOUILLANTES DU SINGOC

LA QUESTION DE L'EAU AU XVIᵉ SIÈCLE
Gravure de Franz Helbing.

comme le montre l'histoire de Rome, on n'en peut pas moins formuler quelques principes généraux : juste proportion des peines avec les crimes, rejet de la torture. Vient ensuite l'examen de quelques cas particuliers : les peines pécuniaires, qui peuvent toucher aussi fortement que les peines corporelles; la loi du talion et la punition du père pour le fils, qui sont propres au despotisme. La clémence, enfin, distincte de la faiblesse et de l'impuissance, est surtout nécessaire dans les monarchies « où l'on est gouverné par l'honneur, qui, souvent, exige ce que la loi défend ».

9. DE LA SÉVÉRITÉ DES PEINES
DANS LES DIVERS GOUVERNEMENTS

La sévérité des peines convient mieux au gouvernement despotique, dont le principe est la terreur, qu'à la monarchie et à la république, qui ont pour ressort l'honneur et la vertu[1].

5 Dans les États modérés, l'amour de la patrie, la honte et la crainte du blâme, sont des motifs réprimants, qui peuvent arrêter bien des crimes. La plus grande peine d'une mauvaise action sera d'en être convaincu. Les lois civiles y corrigeront donc plus aisément, et n'auront pas besoin de tant de force.

Dans ces États, un bon législateur s'attachera moins à punir 10 les crimes qu'à les prévenir; il s'appliquera plus à donner des mœurs qu'à infliger des supplices. **(6)**

C'est une remarque perpétuelle des auteurs chinois[2], que plus, dans leur empire, on voyait augmenter les supplices, plus la révolution était prochaine. C'est qu'on augmentait les sup-15 plices à mesure qu'on manquait de mœurs.

Il serait aisé de prouver que, dans tous ou presque tous les États d'Europe, les peines ont diminué ou augmenté à mesure qu'on s'est plus approché ou plus éloigné de la liberté. **(7)**

---

1. Voir la même idée dans la *Lettre persane* 80; **2.** « Je ferai voir dans la suite que la Chine, à cet égard, est dans le cas d'une monarchie » (Note de Montesquieu). Voir VIII, 21 et XIX, 17-20.

──────── **QUESTIONS** ────────

6. A quel thème essentiel Montesquieu rapporte-t-il d'abord la douceur des peines dans les États modérés?

7. A quel domaine Montesquieu emprunte-t-il ce nouvel argument? Dans le manuscrit le paragraphe 5 est ainsi rédigé : « De deux royaumes voisins en Europe, l'un est devenu plus libre, et les peines soudain y ont été adoucies; l'autre a vu augmenter le pouvoir arbitraire, et la rigueur des peines y a crû en proportion. » Éclairez les allusions et expliquez la modification du texte. Comparez ce passage, pour l'argumentation, avec les paragraphes 2-6 du chapitre 3 du livre III.

Dans les pays despotiques ont est si malheureux, que l'on
20 y craint plus la mort qu'on ne regrette la vie; les supplices y
doivent donc être plus rigoureux. Dans les États modérés, on
craint plus de perdre la vie qu'on ne redoute la mort en elle-
même; les supplices qui ôtent simplement la vie y sont donc
suffisants. **(8)**

25 Les hommes extrêmement heureux, et les hommes extrêmement malheureux, sont également portés à la dureté; témoins
les moines et les conquérants. Il n'y a que la médiocrité et le
mélange de la bonne et de la mauvaise fortune, qui donnent
de la douceur et de la pitié.

30 Ce que l'on voit dans les hommes en particulier se trouve
dans les diverses nations. Chez les peuples sauvages qui mènent
une vie très dure, et chez les peuples des gouvernements despotiques où il n'y a qu'un homme exorbitamment favorisé
de la fortune, tandis que tout le reste en est outragé, on est
35 également cruel. La douceur règne dans les gouvernements
modérés. **(9)**

Lorsque nous lisons, dans les histoires, les exemples de la
justice atroce des sultans, nous sentons avec une espèce de
douleur les maux de la nature humaine.

40 Dans les gouvernements modérés, tout, pour un bon législateur, peut servir à former des peines. N'est-il pas bien extraordinaire qu'à Sparte une des principales fût de ne pouvoir
prêter sa femme à un autre, ni recevoir celle d'un autre, de
n'être jamais dans sa maison qu'avec des vierges? En un mot,
45 tout ce que la loi appelle une peine est effectivement une
peine. **(10)**

────────── QUESTIONS ──────────

8. Sous forme de tableau, situez le bonheur et le malheur par rapport
aux trois termes *vie*, *mort*, *supplices*, successivement dans le régime modéré
et le régime despotique.

9. Dressez, sous forme de tableau, les rapports que Montesquieu
établit entre hommes heureux, hommes malheureux, moines, conquérants, sauvages, régime despotique. — Montrez que l'explication psychologique concerne un droit dans le paragraphe 6 et un fait dans les paragraphes 7-8.

10. SUR L'ENSEMBLE DU CHAPITRE 9. — L'attitude de Montesquieu
devant la cruauté judiciaire : pose-t-il le problème de la peine de mort?
Ne le sent-on pas partagé entre déterminisme et morale (voir en particulier l. 19-21 et § 9)? Son émotion devant la cruauté est-elle le fruit
d'une simple répulsion? Montrez comment elle se manifeste dans
le style.

10. DES ANCIENNES LOIS FRANÇAISES

C'est bien dans les anciennes lois françaises[1] que l'on trouve l'esprit de la monarchie. Dans les cas où il s'agit de peines pécuniaires, les non nobles sont moins punis que les nobles. C'est tout le contraire dans les crimes; le noble perd l'honneur
5 et réponse en cour[2], pendant que le vilain, qui n'a point d'honneur, est puni en son corps. (11)

16. DE LA JUSTE PROPORTION DES PEINES
AVEC LE CRIME

Il est essentiel que les peines aient de l'harmonie entre elles, parce qu'il est essentiel que l'on évite plutôt un grand crime qu'un moindre, ce qui attaque plus la société, que ce qui la choque moins.

5 « Un imposteur, qui se disait Constantin Ducas, suscita un grand soulèvement à Constantinople. Il fut pris et condamné au fouet; mais, ayant accusé des personnes considérables, il fut condamné, comme calomniateur, à être brûlé[3]. » Il est singulier qu'on eût ainsi proportionné les peines entre le crime
10 de lèse-majesté et celui de calomnie.

Cela fait souvenir d'un mot de Charles II, roi d'Angleterre. Il vit, en passant, un homme au pilori; il demanda pourquoi il était là. « Sire, lui dit-on, c'est parce qu'il a fait des libelles contre vos ministres. » — « Le grand sot! dit le roi : que ne
15 les écrivait-il contre moi? on ne lui aurait rien fait. »

« Soixante-dix personnes conspirèrent contre l'empereur Basile; il les fit fustiger; on leur brûla les cheveux et le poil. Un cerf l'ayant pris avec son bois par la ceinture, quelqu'un de sa suite tira son épée, coupa sa ceinture et le délivra; il

---

1. Montesquieu désigne ainsi la législation coutumière, qui prévalut jusqu'au moment (première moitié du XIVe siècle) où les rois commencèrent à légiférer par ordonnances. Il cite du reste en note des traités de droit coutumier; 2. *Réponse en cour* : comparution devant la cour de justice du seigneur; 3. Montesquieu emprunte cette anecdote, ainsi que celle des lignes 16-22, à l'*Histoire* de Nicéphore, patriarche de Constantinople en 806, déposé en 815.

──────── QUESTIONS ────────

11. SUR LE CHAPITRE 10. — Montrez ce que ce chapitre en apparence anodin nous apprend : *a)* sur l'idéal monarchique de Montesquieu; *b)* sur la délimitation sociale de l'honneur (distinguez-le de la vertu sur ce point).

20 lui fit trancher la tête, parce qu'il avait, disait-il, tiré l'épée contre lui. » Qui pourrait penser que, sous le même prince, on eût rendu ces deux jugements?

C'est un grand mal, parmi nous, de faire subir la même peine à celui qui vole sur un grand chemin, et à celui qui vole et 25 assassine[1]. Il est visible que, pour la sûreté publique, il faudrait mettre quelque différence dans la peine.

A la Chine, les voleurs cruels sont coupés en morceaux, les autres non : cette différence fait que l'on y vole, mais qu'on n'y assassine pas.

30 En Moscovie, où la peine des voleurs et celle des assassins sont les mêmes, on assassine toujours. Les morts, y dit-on, ne racontent rien.

Quand il n'y a point de différence dans la peine, il faut en mettre dans l'espérance de la grâce. En Angleterre, on n'assas-35 sine point, parce que les voleurs peuvent espérer d'être trans-portés dans les colonies, non pas les assassins[2].

C'est un grand ressort des gouvernements modérés que les lettres de grâce. Ce pouvoir que le prince a de pardonner, exécuté avec sagesse, peut avoir d'admirables effets[3]. Le prin-40 cipe du gouvernement despotique, qui ne pardonne pas, et à qui on ne pardonne jamais, le prive de ces avantages[4]. **(12)**

---

1. L'ancien droit punissait de mort par la roue le vol sur les grands chemins; 2. En Angleterre, cette mesure (déportation aux colonies des condamnés aux travaux forcés) datait du XVIIIe siècle et se maintint jusqu'en 1863. La France l'appliqua de 1854 à 1938; 3. Voltaire relève que Montesquieu a écrit « exécuté » pour « employé ». Mais il proclame son admiration : « Une telle décision et celles qui sont dans ce goût rendent, à mon avis, *l'Esprit des lois* bien précieux. Voilà ce que n'ont ni Grotius, ni Pufendorf, ni toutes les compilations sur le droit des gens »; 4. Le manuscrit contient à la suite de ce chapitre trois autres qui ont été supprimés par Montesquieu : *De la disproportion des peines dans le même crime, De la proportion des peines avec la manière reçue de penser, Des prisons.*

———— QUESTIONS ————

12. SUR L'ENSEMBLE DU CHAPITRE 16. — Montrez que le principe de l'harmonie des peines repose sur la même conception de la justice, qui faisait déjà rejeter par Montesquieu la trop grande simplification de la procédure (voir chapitre 2 de ce livre, § 2). — Comment Montesquieu procède-t-il pour établir la nécessité de ce principe? Montrez la liberté du ton (transitions, commentaires), la variété des exemples.

— Les exemples de Montesquieu sont-ils tous aussi convaincants? Ne peut-on trouver que le juriste fait trop bon marché de données sociales, économiques, religieuses, qu'il ne se préoccupe pas de réformer?

— Montrez que ce chapitre, comme les précédents, est construit sur une opposition rigide au despotisme.

17. DE LA TORTURE OU QUESTION
CONTRE LES CRIMINELS

Parce que les hommes sont méchants, la loi est obligée de les supposer meilleurs qu'ils ne sont. Ainsi la déposition de deux témoins suffit dans la punition de tous les crimes. La loi les croit, comme s'ils parlaient par la bouche de la vérité.
5 L'on juge aussi que tout enfant conçu pendant le mariage est légitime; la loi a confiance en la mère comme si elle était la pudicité même. Mais la *question* contre les criminels n'est pas dans un cas forcé comme ceux-ci[1]. Nous voyons aujourd'hui une nation[2] très bien policée la rejeter sans inconvénient.
10 Elle n'est donc pas nécessaire par sa nature. **(13)**

Tant d'habiles gens et tant de beaux génies ont écrit contre cette pratique, que je n'ose parler après eux. J'allais dire qu'elle pourrait convenir dans les gouvernements despotiques, où tout ce qui inspire la crainte entre plus dans les ressorts du
15 gouvernement; j'allais dire que les esclaves chez les Grecs et chez les Romains... Mais j'entends la voix de la nature qui crie contre moi. **(14) (15)**

---

1. L'ordonnance criminelle de 1670 fixait deux types de « questions » : la question préparatoire, destinée à obtenir l'aveu, et la question préalable, donnée aux condamnés à mort avant leur exécution pour leur arracher le nom de leurs complices. Louis XVI voulut abolir la première en 1780 et la seconde en 1788; mais les parlements s'y étaient opposés, et il faudra attendre le 9 octobre 1789 pour que la torture soit abolie en France; 2. La nation anglaise (Montesquieu).

--- **QUESTIONS** ---

13. Expliquez le paradoxe de la première phrase. Voyez-vous entre la déposition de témoins et l'attribution de paternité, d'une part, la question, de l'autre, des différences que Montesquieu ne signale pas?

14. Montrez l'ambiguïté de la notion de nature chez Montesquieu, et étudiez comment se traduit ici un certain embarras.

15. SUR L'ENSEMBLE DU CHAPITRE 17. — Comparez avec le texte de Montesquieu : 1° ce passage de Beccaria (*Traité des délits et des peines*, 1764) : « Un homme ne saurait être regardé comme coupable avant la sentence du juge, et la société ne doit lui retirer sa protection qu'après qu'il est convaincu d'avoir violé les conditions auxquelles elle la lui avait accordée [...]. C'est confondre tous les rapports [...] que de vouloir faire de la douleur une règle de vérité; comme si cette règle résidait dans les muscles et les fibres d'un malheureux; ce n'est, au contraire, qu'un moyen infaillible d'absoudre le scélérat robuste et de condamner l'innocent faible »; 2° ce texte de Voltaire *(Commentaire du « Traité » de Beccaria)* : « Quoi! j'ignore encore si tu es coupable, et il faudra que je te tourmente pour m'éclairer; et si tu es innocent, je n'expierai point envers toi ces mille morts que je t'ai fait souffrir, au lieu d'une seule que je te préparais! Chacun frissonne à cette idée. »

CONVERSATION
Tableau d'Antoine Watteau (1684-1721)
Valenciennes

DANS UN PARC
t de Philippe Mercier (1689-1760).
usée des Beaux-Arts.

LIVRE VII

CONSÉQUENCES DES DIFFÉRENTS PRINCIPES DES TROIS GOUVERNEMENTS PAR RAPPORT AUX LOIS SOMPTUAIRES, AU LUXE ET A LA CONDITION DES FEMMES

1. DU LUXE

Le luxe est toujours en proportion avec l'inégalité des fortunes. Si, dans un État, les richesses sont également partagées, il n'y aura point de luxe; car il n'est fondé que sur les commodités qu'on se donne par le travail des autres. **(1)**

5   Pour que les richesses restent également partagées, il faut que la loi ne donne à chacun que le nécessaire physique. Si l'on a au-delà, les uns dépenseront, les autres acquerront, et l'inégalité s'établira.

Supposant le nécessaire physique égal à une somme donnée,
10 le luxe de ceux qui n'auront que le nécessaire sera égal à zéro; celui qui aura le double aura un luxe égal à un; celui qui aura le double du bien de ce dernier aura un luxe égal à trois; quand on aura encore le double, on aura un luxe égal à sept; de sorte que le bien du particulier qui suit étant toujours supposé
15 double de celui du précédent, le luxe croîtra du double plus une unité, dans cette progression : 0, 1, 3, 7, 15, 31, 63, 127.

Dans la république de Platon, le luxe aurait pu se calculer au juste. Il y avait quatre sortes de cens établis. Le premier était précisément le terme où finissait la pauvreté; le second
20 était double, le troisième triple, le quatrième quadruple du premier. Dans le premier cens, le luxe était égal à zéro; il était égal à un dans le second, à deux dans le troisième, à trois dans le quatrième; et il suivait ainsi la proportion arithmétique. **(2)**

QUESTIONS

1. A quels États peut penser Montesquieu (voir V, 4-5)? L'histoire de ces États lui donne-t-elle raison?

2. Montesquieu définit-il vraiment le luxe? A quel stade le fait-il commencer? Cette idée vous paraît-elle juste? Essayez de formuler votre propre définition.

25   En considérant le luxe des divers peuples les uns à l'égard
des autres, il est dans chaque État en raison composée de
l'inégalité des fortunes qui est entre les citoyens, et de l'inégalité des richesses des divers États. En Pologne, par exemple,
les fortunes sont d'une inégalité extrême; mais la pauvreté
30 du total empêche qu'il y ait autant de luxe que dans un État
plus riche. (3)

   Le luxe est encore en proportion avec la grandeur des villes,
et surtout de la capitale; en sorte qu'il est en raison composée
des richesses de l'État, de l'inégalité des fortunes des parti-
35 culiers et du nombre d'hommes qu'on assemble dans de certains lieux.

   Plus il y a d'hommes ensemble, plus ils sont vains et sentent
naître en eux l'envie de se signaler par de petites choses[1].
S'ils sont en si grand nombre que la plupart soient inconnus
40 les uns aux autres, l'envie de se distinguer redouble, parce
qu'il y a plus d'espérance de réussir. Le luxe donne cette
espérance; chacun prend les marques de la condition qui précède la sienne. Mais à force de vouloir se distinguer, tout
devient égal, et on ne se distingue plus : comme tout le monde
45 veut se faire regarder, on ne remarque personne.

   Il résulte de tout cela une incommodité générale. Ceux qui
excellent dans une profession mettent à leur art le prix qu'ils
veulent; les plus petits talents suivent cet exemple; il n'y a
plus d'harmonie entre les besoins et les moyens. Lorsque je
50 suis forcé de plaider, il est nécessaire que je puisse payer un
avocat; lorsque je suis malade, il faut que je puisse avoir un
médecin.

---

   1. Dans une grande ville, dit l'auteur de *la Fable des abeilles*, tome premier, page 133,
on s'habille au-dessus de sa qualité pour être estimé plus qu'on n'est par la multitude. C'est un plaisir, pour un esprit faible, presque aussi grand que celui de l'accomplissement de ses désirs (Montesquieu). — L'auteur en question est Bernard Mandeville (cf. Doc. thématique, t. II), dont Montesquieu dit dans la *Pensée* 1978 :
« J'entrerai volontiers dans les idées de celui qui a fait *la Fable des abeilles*, et je
demanderai qu'on me montre de graves citoyens, dans aucun pays, qui y fassent
autant de bien qu'en font à certaines nations commerçantes leurs petits-maîtres. »

─────── **QUESTIONS** ───────

   3. Montrez que Montesquieu conçoit le luxe comme une quantité
et ne songe pas à sa relativité.

Quelques gens ont pensé qu'en assemblant tant de peuple dans une capitale, on diminuait le commerce parce que les
55 hommes ne sont plus à une certaine distance les uns des autres. Je ne le crois pas; on a plus de désirs, plus de besoins, plus de fantaisies quand on est ensemble. **(4) (5)**

CHAP. 2-7. *Lois somptuaires.* Il découle du premier paragraphe du chapitre premier que « moins il y a de luxe dans une république, plus elle est parfaite »; et la revendication d'une réforme agraire à Rome était bonne, au moins dans son principe : le luxe accroît les désirs et tue la vertu. Il est également contraire à la modération aristocratique. Par contre, il ne faut pas de lois somptuaires dans les monarchies, sauf si le sol suffit à peine à la nourriture des habitants, comme en Chine, où, du reste, le luxe amène régulièrement la chute des dynasties régnantes.

4. DES LOIS SOMPTUAIRES DANS LES MONARCHIES

« Les Suions, nation germanique, rendent honneur aux richesses, dit Tacite; ce qui fait qu'ils vivent sous le gouvernement d'un seul. » Cela signifie bien que le luxe est singulièrement propre aux monarchies, et qu'il n'y faut point de lois
5 somptuaires[1]. **(6)**

Comme, par la constitution des monarchies, les richesses y sont inégalement partagées, il faut bien qu'il y ait du luxe. Si les riches n'y dépensent pas beaucoup, les pauvres mourront de faim. Il faut même que les riches y dépensent à proportion
10 de l'inégalité des fortunes, et que, comme nous avons dit, le luxe y augmente dans cette proportion. Les richesses particu-

---

1. Tacite, *Germanie*, XLIV. Les Suions sont une population de marins et de commerçants au sud de l'actuelle Suède. Le contexte de Tacite indique du reste un régime plus proche du despotisme que de la monarchie.

QUESTIONS

---

4. Cette influence de la sociabilité sur le luxe vous paraît-elle bien observée? Dégagez-en les causes et les conséquences selon Montesquieu (voir note 1).

5. SUR L'ENSEMBLE DU CHAPITRE PREMIER. — Quel jugement Montesquieu porte-t-il sur le luxe? Montrez qu'il ne se veut pas tant moraliste qu'économiste. Y réussit-il?

6. Montrez que le raisonnement est un peu hâtif et peut jeter un doute sur la valeur de la démonstration logique qui suit.

lières n'ont augmenté que parce qu'elles ont ôté à une partie des citoyens le nécessaire physique; il faut donc qu'il leur soit rendu. (7)

15 Ainsi, pour que l'État monarchique se soutienne, le luxe doit aller en croissant, du laboureur à l'artisan, au négociant, aux nobles, aux magistrats, aux grands seigneurs, aux traitants principaux[1], aux princes; sans quoi tout serait perdu. (8)

Dans le sénat de Rome, composé de graves magistrats, de 20 jurisconsultes et d'hommes pleins de l'idée des premiers temps, on proposa, sous Auguste, la correction des mœurs et du luxe des femmes. Il est curieux de voir dans Dion[2] avec quel art il éluda les demandes importunes de ces sénateurs. C'est qu'il fondait une monarchie, et dissolvait une république.

25 Sous Tibère, les édiles proposèrent dans le sénat le rétablissement des anciennes lois somptuaires. Ce prince, qui avait des lumières, s'y opposa : « L'État ne pourrait subsister, disait-il, dans la situation où sont les choses. Comment Rome pourrait-elle vivre? comment pourraient vivre les provinces? 30 Nous avions de la frugalité lorsque nous étions citoyens d'une seule ville; aujourd'hui nous consommons les richesses de tout l'univers; on fait travailler pour nous les maîtres et les esclaves. » Il voyait bien qu'il ne fallait plus de lois somptuaires.

Lorsque, sous le même empereur, on proposa au sénat de 35 défendre aux gouverneurs de mener leurs femmes dans les provinces, à cause des dérèglements qu'elles y apportaient, cela fut rejeté. On dit « que les exemples de la dureté des anciens

---

1. Les traitants se chargeaient du recouvrement des deniers publics à des conditions réglées par un traité; 2. Dion Cassius : historien grec qui s'est fixé en Italie et a rédigé une *Histoire romaine*.

━━━━━━ ■ QUESTIONS ━━━━━━━━━━━━━━━━━━━━

7. Le raisonnement des trois premières phrases ne pourrait-il s'appliquer aussi à l'aristocratie? — A propos de la dernière phrase, un économiste libéral du xixe siècle écrit : « Expliquer la richesse des uns comme une sorte d'usurpation faite sur celle des autres, n'est-ce pas raisonner un peu à la façon des communistes, pour lesquels l'illustre président aurait eu certes fort peu de sympathie? » Essayez de dégager de ce passage et de ce commentaire les conceptions de la propriété qui s'opposent ici?

8. Montrez que le luxe ainsi conçu renforce la structure sociale de la monarchie.

avaient été changés en une façon de vivre plus agréable ».
On sentit qu'il fallait d'autres mœurs[1]. **(9)**

40 Le luxe est donc nécessaire dans les États monarchiques ;
il l'est encore dans les États despotiques. Dans les premiers,
c'est un usage que l'on fait de ce qu'on possède de liberté ;
dans les autres, c'est un abus qu'on fait des avantages de sa
servitude : lorsqu'un esclave choisi par son maître pour tyran-
45 niser ses autres esclaves, incertain pour le lendemain de la
fortune de chaque jour, n'a d'autre félicité que celle d'assouvir
l'orgueil, les désirs et les voluptés de chaque jour. **(10)**

Tout ceci mène à une réflexion. Les républiques finissent
par le luxe ; les monarchies, par la pauvreté. **(11) (12)**

6. DU LUXE À LA CHINE

Des raisons particulières demandent des lois somptuaires
dans quelques États. Le peuple, par la force du climat, peut
devenir si nombreux, et d'un autre côté les moyens de le faire
subsister peuvent être si incertains, qu'il est bon de l'appli-
5 quer tout entier à la culture des terres. Dans ces États le luxe
est dangereux, et les lois somptuaires y doivent être rigou-
reuses. Ainsi, pour savoir s'il faut encourager le luxe ou le
proscrire, on doit d'abord jeter les yeux sur le rapport qu'il
y a entre le nombre du peuple et la facilité de le faire vivre.
10 En Angleterre le sol produit beaucoup plus de grain qu'il ne
faut pour nourrir ceux qui cultivent les terres, et ceux qui
procurent les vêtements ; il peut donc y avoir des arts frivoles,
et par conséquent du luxe. En France il croît assez de blé
pour la nourriture des laboureurs et de ceux qui sont employés

---

1. Les paragraphes 5 et 6 renvoient à Tacite, *Annales*, III, 34.

■ QUESTIONS

9. Les raisons que donne Tibère vous semblent-elles véritablement
liées au souci d'établir une monarchie ? Le motif principal ne reflète-t-il
pas une évolution irréversible devant laquelle l'État se sent impuissant ?

10. Montrez que Montesquieu ne se pose pas ici en moraliste. Relevez
les procédés rhétoriques.

11. L'histoire confirme-t-elle cette thèse ?

12. SUR L'ENSEMBLE DU CHAPITRE 4. — Étudiez l'importance pour
Montesquieu des textes anciens et l'usage qu'il en fait.

15 aux manufactures. De plus, le commerce avec les étrangers
peut rendre pour des choses frivoles tant de choses nécessaires,
qu'on n'y doit guère craindre le luxe.

A la Chine, au contraire, les femmes sont si fécondes, et
l'espèce humaine s'y multiplie à un tel point, que les terres,
20 quelque cultivées qu'elles soient, suffisent à peine pour la
nourriture des habitants. Le luxe y est donc pernicieux, et
l'esprit de travail et d'économie y est aussi requis que dans
quelque république que ce soit[1]. Il faut qu'on s'attache aux
arts nécessaires, et qu'on fuie ceux de la volupté.

25 Voilà l'esprit des belles ordonnances des empereurs chinois.
« Nos anciens, dit un empereur de la famille des Tang, tenaient
pour maxime que, s'il y avait un homme qui ne labourât
point, une femme qui ne s'occupât point à filer, quelqu'un
souffrait le froid ou la faim dans l'empire... » Et sur ce prin-
30 cipe, il fit détruire une infinité de monastères de bonzes.

Le troisième empereur de la vingt et unième dynastie, à qui
on apporta des pierres précieuses trouvées dans une mine, la
fit fermer, ne voulant pas fatiguer son peuple à travailler
pour une chose qui ne pouvait ni le nourrir ni le vêtir.

35 « Notre luxe est si grand, dit Kiayventi, que le peuple orne
de broderies les souliers des jeunes garçons et des filles qu'il
est obligé de vendre[2]. » Tant d'hommes étant occupés à faire
des habits pour un seul, le moyen qu'il n'y ait bien des gens
qui manquent d'habits? Il y a dix hommes qui mangent le
40 revenu des terres, contre un laboureur : le moyen qu'il n'y
ait bien des gens qui manquent d'aliments? **(13)**

---

1. Le luxe y a toujours été arrêté (Montesquieu); 2. Montesquieu emprunte ces
renseignements sur la Chine à un ouvrage du père Du Halde (1674-1743), un jésuite
qui a mis en ordre les informations tirées des lettres des missionnaires de la Compagnie.

QUESTIONS

---

13. Sur le chapitre 6. — Montrez que Montesquieu assouplit consi-
dérablement ses considérations précédentes sur les rapports du luxe et
de la nature du gouvernement; relevez les passages les plus caractéristiques à ce sujet. N'en profite-t-il pas pour glisser, au paragraphe 3, une
allusion malicieuse sur un point accessoire?

— Rétablissez la transition entre les paragraphes 4 et 5. Analysez,
dans les deux dernières phrases du dernier paragraphe, la force démons-
trative de l'expression; y sent-on quelque émotion?

— Commentez, avec toutes les précautions nécessaires, et en tenant
compte en particulier du point de vue agraire de Montesquieu, l'actua-
lité de ce chapitre.

Chap. 8-17. *Condition des femmes.* Au problème du luxe est étroitement lié celui de la continence publique et de la vertu des femmes. Celles-ci doivent être de mœurs sévères en république, à la différence des monarchies, où elles introduisent le luxe, et des régimes despotiques, où elles sont objet du luxe. Ainsi, l'étude de la condition juridique des femmes à Rome montre que le passage de la république à la monarchie s'accompagne de leur libération progressive. Le livre s'achève par quelques considérations sur le régime dotal, sur le mariage sélectif chez les Samnites et sur l'accession des femmes au pouvoir politique, où « leur faiblesse même leur donne plus de douceur et de modération, ce qui peut faire un bon gouvernement ».

9. DE LA CONDITION DES FEMMES DANS LES DIVERS GOUVERNEMENTS

Les femmes ont peu de retenue dans les monarchies, parce que, la distinction des rangs les appelant à la cour, elles y vont prendre cet esprit de liberté qui est à peu près le seul qu'on y tolère. Chacun se sert de leurs agréments et de leurs
5 passions pour avancer sa fortune; et comme leur faiblesse ne leur permet pas l'orgueil, mais la vanité, le luxe y règne toujours avec elles. **(14)**

Dans les États despotiques, les femmes n'introduisent point le luxe; mais elles sont elles-mêmes un objet du luxe. Elles
10 doivent être extrêmement esclaves. Chacun suit l'esprit du gouvernement, et porte chez soi ce qu'il voit établi ailleurs. Comme les lois y sont sévères et exécutées sur-le-champ, on a peur que la liberté des femmes n'y fasse des affaires. Leurs brouilleries, leurs indiscrétions, leurs répugnances, leurs pen-
15 chants, leurs jalousies, leurs piques, cet art qu'ont les petites âmes d'intéresser les grandes, n'y sauraient être sans conséquence.

───── **QUESTIONS** ─────

14. Montrez par quelle chaîne c'est finalement à l'honneur que se rapporte le luxe dans les monarchies. La dernière phrase ne traduit-elle pas un certain cynisme? (Voir Mme de Staël, *De l'Allemagne*, I, 4 : « On appelait la France le paradis des femmes, parce qu'elles y jouissaient d'une grande liberté; mais cette liberté même venait de la facilité avec laquelle on se détachait d'elles. ») Mais cette dialectique du mal et du bien n'est-elle pas caractéristique de l'honneur chez Montesquieu (voir III, 6, 7)?

De plus, comme dans ces États les princes se jouent de la
nature humaine, ils ont plusieurs femmes, et mille considéra-
20 tions les obligent de les renfermer. **(15)**

Dans les républiques, les femmes sont libres par les lois,
et captivées par les mœurs; le luxe en est banni, et avec lui
la corruption et les vices.

Dans les villes grecques, où l'on ne vivait pas sous cette
25 religion qui établit que, chez les hommes mêmes, la pureté
des mœurs est une partie de la vertu; dans les villes grecques,
où un vice aveugle régnait d'une manière effrénée, où l'amour
n'avait qu'une forme que l'on n'ose dire, tandis que la seule
amitié s'était retirée dans le mariage; la vertu, la simplicité,
30 la chasteté des femmes y étaient telles, qu'on n'a guère jamais
vu de peuple qui ait eu à cet égard une meilleure police. **(16) (17)**

─────── QUESTIONS ───────

15. Distinguez, dans le paragraphe 2, deux motifs, l'un psychologique, l'autre politique. Analysez à ce sujet l'ambivalence de la notion
de crainte, à la fois source de plaisir et de prudence. — Quel modèle
Montesquieu a-t-il à l'esprit en écrivant la dernière phrase du paragraphe 2? — Quelle image de la femme les paragraphes premier et 2
donnent-ils? Mais les hommes sont-ils finalement mieux traités?

16. Expliquez l'antithèse *libres par les lois, et captivées par les mœurs.*
— A quelle conclusion paradoxale Montesquieu arrive-t-il dans le dernier
paragraphe? Faut-il y voir la même dialectique que dans le premier paragraphe? — La hardiesse de Montesquieu s'oriente-t-elle dans la même
direction, selon qu'il se trouve en face d'un régime périmé (les cités
grecques) ou actuel (la monarchie)? Quels sentiments traduit le passage dans le dernier paragraphe au style oratoire?

17. SUR L'ENSEMBLE DU CHAPITRE 9. — Figurez dans un tableau les
rapports entre la liberté des femmes (dans les mœurs et dans les lois),
le luxe, la nature et le principe des gouvernements. Montrez qu'il
s'agit, tout au long du chapitre, des femmes d'un certain rang social.
Voyez-vous des objections à faire à Montesquieu : préjugés psychologiques? réduction de la femme à un cadre social trop étroit? accord
possible entre le luxe et l'asservissement des femmes?

LIVRE VIII

DE LA CORRUPTION DES PRINCIPES
DES TROIS GOUVERNEMENTS

CHAP. 1-10. *Causes de la corruption des principes*. La vertu démocratique est menacée par l'esprit d'inégalité, mais surtout par l'esprit
d'égalité extrême. L'aristocratie, elle, « se corrompt lorsque le pouvoir des nobles devient arbitraire », et, plus gravement encore,
« lorsque les nobles deviennent héréditaires ». Quant à la monarchie,
elle court à sa ruine quand le roi s'en prend aux prérogatives des
corps intermédiaires, distribue injustement les honneurs et oublie
que la noblesse est son soutien naturel. Enfin, le principe du gouvernement despotique est corrompu par sa nature même, et le régime
périt non par un accident particulier, comme les autres, mais « par
son vice intérieur ».

1. IDÉE GÉNÉRALE DE CE LIVRE

La corruption de chaque gouvernement commence presque
toujours par celle des principes. **(1)**

2. DE LA CORRUPTION DU PRINCIPE
DE LA DÉMOCRATIE

Le principe de la démocratie se corrompt, non seulement
lorsqu'on perd l'esprit d'égalité, mais encore quand on prend

───────── QUESTIONS ─────────

1. SUR LE CHAPITRE PREMIER. — Helvétius demande : « Pourquoi ne
pas dire : quand les hommes se corrompent? » Montrez que les deux
formules ne sont pas équivalentes (attention au sens de *principes* et de
corruption).

— Rapprochez cette phrase de ces deux passages du livre : « Lorsque
les principes du gouvernement sont une fois corrompus, les meilleures
lois deviennent mauvaises et se tournent contre l'État; lorsque les principes en sont sains, les mauvaises font l'effet de bonnes » (VIII, 11);
et : « Un État peut changer de deux manières, ou parce que la constitution se corrige, ou parce qu'elle se corrompt. S'il a conservé ses principes et que la constitution change, c'est qu'elle se corrige; s'il a perdu
ses principes, quand la constitution vient à changer, c'est qu'elle se corrompt » (XI, 13). Qu'en conclure sur les rapports nature-principe?

— Expliquez cette formule de L. Althusser : « C'est le principe qui,
dans ce sens, est la vraie forme de cette forme apparente qu'est la nature
d'un gouvernement. »

l'esprit d'égalité extrême, et que chacun veut être égal à ceux
qu'il choisit pour lui commander[1]. Pour lors le peuple, ne
5 pouvant souffrir le pouvoir même qu'il confie, veut tout faire
par lui-même, délibérer pour le sénat, exécuter pour les magistrats, et dépouiller tous les juges[2].

Il ne peut plus y avoir de vertu dans la république. Le peuple
veut faire les fonctions des magistrats; on ne les respecte donc
10 plus. Les délibérations du sénat n'ont plus de poids; on n'a
donc plus d'égards pour les sénateurs, et par conséquent pour
les vieillards. Que si l'on n'a pas du respect pour les vieillards,
on n'en aura pas non plus pour les pères; les maris ne méritent
pas plus de déférence, ni les maîtres plus de soumission. Tout
15 le monde parviendra à aimer ce libertinage[3]; la gêne du commandement fatiguera comme celle de l'obéissance. Les femmes,
les enfants, les esclaves n'auront de soumission pour personne. Il n'y aura plus de mœurs, plus d'amour de l'ordre,
enfin plus de vertu[4]. (2)

20 On voit, dans le *Banquet* de Xénophon, une peinture bien
naïve d'une république où le peuple a abusé de l'égalité. Chaque

---

1. Au chapitre suivant, Montesquieu oppose à cet esprit d'égalité extrême le
« véritable esprit d'égalité »; celui-ci « ne consiste point à faire en sorte que tout le
monde commande, ou que personne ne soit commandé, mais à obéir et à commander à ses égaux. Il ne cherche pas à n'avoir point de maître, mais à n'avoir que ses
égaux pour maîtres »; 2. Aristote écrit au livre IV de la *Politique :* « La démocratie
vient de ce qu'étant tous égaux à quelques égards, on s'est regardés comme égaux
absolument; et de ce qu'étant tous libres semblablement, on s'est imaginés être semblables absolument »; 3. Le libertinage est à l'origine le caractère de ce qui va à
l'aventure. Fénelon écrit : « La liberté sans ordre est un libertinage qui attire le despotisme »; 4. « Le père s'accoutume à traiter son fils comme son égal, et à redouter
ses enfants, le fils s'égale à son père et n'a ni respect ni crainte pour ses parents,
parce qu'il veut être libre, le métèque devient l'égal du citoyen, le citoyen du métèque
et l'étranger pareillement [...]. Le terme extrême de l'abondance de liberté qu'offre
un pareil État est atteint lorsque les personnes des deux sexes qu'on achète comme
esclaves ne sont pas moins libres que ceux qui les ont achetées. Et nous allions presque
oublier de dire jusqu'où vont la liberté et l'égalité dans les rapports mutuels des
hommes et des femmes » (Platon, *la République*, VIII, 563 *a-b*).

QUESTIONS

2. Montesquieu s'étend-il également sur les deux modes de corrup-
tion qu'il distingue au début du premier paragraphe? Pourquoi? —
Comparez les notions de démocratie et d'égalité chez Montesquieu et
Aristote (voir note 2); — La marche de la corruption : montrez que
Montesquieu la présente sous une forme soigneusement déductive (§ 2);
en a-t-il défini avec précision le point de départ? Cet enchaînement
théorique peut-il correspondre à une série chronologique d'événements?
N'a-t-on pas l'impression de se trouver devant une démarche circulaire?
Pourquoi alors Montesquieu a-t-il cherché une présentation déductive?

convive donne à son tour la raison pourquoi il est content de lui. « Je suis content de moi, dit Charmides, à cause de ma pauvreté. Quand j'étais riche, j'étais obligé de faire ma cour
25 aux calomniateurs, sachant bien que j'étais plus en état de recevoir du mal d'eux que de leur en faire : la république me demandait toujours quelque nouvelle somme : je ne pouvais m'absenter. Depuis que je suis pauvre, j'ai acquis de l'autorité; personne ne me menace, je menace les autres; je puis
30 m'en aller ou rester. Déjà les riches se lèvent de leurs places, et me cèdent le pas. Je suis un roi, j'étais esclave; je payais un tribut à la république, aujourd'hui elle me nourrit; je ne crains plus de perdre, j'espère d'acquérir[1]. » (3)

Le peuple tombe dans ce malheur, lorsque ceux à qui il
35 se confie, voulant cacher leur propre corruption, cherchent à le corrompre[2]. Pour qu'il ne voie pas leur ambition, ils ne lui parlent que de sa grandeur; pour qu'il n'aperçoive pas leur avarice, ils flattent sans cesse la sienne.

La corruption augmentera parmi les corrupteurs, et elle
40 augmentera parmi ceux qui sont déjà corrompus. Le peuple se distribuera tous les deniers publics; et, comme il aura joint à sa paresse la gestion des affaires, il voudra joindre à sa pauvreté les amusements du luxe. Mais, avec sa paresse et son luxe, il n'y aura que le trésor public qui puisse être un objet[3]
45 pour lui.

Il ne faudra pas s'étonner si l'on voit les suffrages se donner pour de l'argent. On ne peut donner beaucoup au peuple, sans retirer encore plus de lui; mais, pour retirer de lui, il faut renverser l'État. Plus il paraîtra tirer d'avantage de sa
50 liberté, plus il s'approchera du moment où il doit la perdre. Il se forme de petits tyrans qui ont tous les vices d'un seul. Bientôt ce qui reste de liberté devient insupportable; un seul

---

1. Traduction libre d'un passage du *Banquet*, chap. IV, de Xénophon; 2. « La principale cause des changements est, dans les États démocratiques, l'effronterie des démagogues. Ils calomnient les riches l'un après l'autre et les contraignent à se coaliser entre eux. [...] Ils ameutent ensuite publiquement le peuple contre la coalition » (Aristote, *Politique*, IV); 3. Objet de convoitise.

─────── **QUESTIONS** ───────

3. Pour quelles raisons croyez-vous que Montesquieu s'attarde sur cette citation de Xénophon? Quelle lumière cette référence à l'Antiquité jette-t-elle sur son raisonnement?

tyran s'élève; et le peuple perd tout, jusqu'aux avantages de sa corruption[1]. (4)

55   La démocratie a donc deux excès à éviter : l'esprit d'inégalité, qui la mène à l'aristocratie, ou au gouvernement d'un seul; et l'esprit d'égalité extrême, qui la conduit au despotisme d'un seul, comme le despotisme d'un seul finit par la conquête. (5)

60   Il est vrai que ceux qui corrompirent les républiques grecques ne devinrent pas toujours tyrans. C'est qu'ils s'étaient plus attachés à l'éloquence qu'à l'art militaire; outre qu'il y avait dans le cœur de tous les Grecs une haine implacable contre ceux qui renversaient le gouvernement républicain; ce qui fit
65 que l'anarchie dégénéra en anéantissement, au lieu de se changer en tyrannie[2].

    Mais Syracuse, qui se trouva placée au milieu d'un grand nombre de petites oligarchies changées en tyrannies, Syracuse, qui avait un sénat dont il n'est presque jamais fait mention
70 dans l'histoire, essuya des malheurs que la corruption ordinaire ne donne pas[3]. Cette ville, toujours dans la licence ou

---

1. « C'est ce gouvernement si beau et si juvénile qui donne naissance à la tyrannie [...]. Tout excès provoque ordinairement une vive réaction [...]. Ainsi l'excès de liberté doit aboutir à un excès de servitude, et dans l'individu et dans l'État » (Platon, *la République*, 563 *e*-564 *a*). — « Jadis, quand le même personnage était démagogue et chef d'armée, les démocraties ne manquaient pas d'être changées en États despotiques. Il est très certain que les anciens tyrans furent issus des meneurs populaires » (Aristote, *Politique*, IV); 2. « Aujourd'hui que l'éloquence est portée au plus haut degré de perfection et jouit de la plus grande estime, ce sont les orateurs qui gouvernent le peuple. Mais comme ils n'ont aucune connaissance de l'art, ils n'osent rien entreprendre contre l'État, ou s'ils l'ont essayé quelque part, les tentatives ont été promptement réprimées » (Aristote, *Politique*, IV); 3. Syracuse connut successivement l'aristocratie, puis la monarchie, enfin, en 466, la démocratie; après la victoire sur les Athéniens (412), une tyrannie militaire s'installa, avec un cortège de guerres civiles, jusqu'à ce que Timoléon rétablît une démocratie censitaire.

QUESTIONS

4. Comment ce passage explique-t-il l'origine de la dégradation décrite plus haut? Cette explication vous paraît-elle suffisante? — La responsabilité du peuple : montrez que Montesquieu lui prête dans toutes les circonstances un rôle extrêmement passif. — En quoi la corruption du régime correspond-elle à une tension entre nature et principe? Étudiez ses manifestations économiques, politiques, morales; Montesquieu crée-t-il l'impression d'un déterminisme strict (sur le goût du luxe, la naissance de la tyrannie, par exemple)? Appliquez ce passage à des exemples historiques. — Étudiez le style de ce passage (symétries, antithèses, rythme, etc.).

5. Ce paragraphe se présente comme la conclusion des précédents : est-ce absolument satisfaisant?

dans l'oppression, également travaillée par sa liberté et par
sa servitude, recevant toujours l'une et l'autre comme une
tempête, et, malgré sa puissance au dehors, toujours déter-
75 minée à une révolution par la plus petite force étrangère, avait
dans son sein un peuple immense, qui n'eut jamais que cette
cruelle alternative de se donner un tyran, ou de l'être lui-
même. (6) (7)

6. DE LA CORRUPTION DU PRINCIPE DE LA MONARCHIE

Comme les démocraties se perdent lorsque le peuple dépouille
le sénat, les magistrats et les juges de leurs fonctions, les
monarchies se corrompent lorsqu'on ôte peu à peu les prérogatives des corps ou les privilèges des villes[1]. Dans le pre-
5 mier cas, on va au despotisme de tous; dans l'autre, au despotisme d'un seul.

« Ce qui perdit les dynasties de Tsin et de Souï, dit un auteur
chinois, c'est qu'au lieu de se borner, comme les anciens, à
une inspection générale, seule digne du souverain, les princes
10 voulurent gouverner tout immédiatement par eux-mêmes[2]. »

---

1. Le manuscrit ajoute : « les fonctions des tribunaux »; 2. Une note de Montesquieu renvoie à la *Description de la Chine* du père Du Halde. La dynastie des Tsin
régna au IIIe siècle av. J.-C., celle des Souï jusqu'au VIIIe siècle apr. J.-C.

——————— **QUESTIONS** ———————

6. A quels personnages historiques peut penser Montesquieu au
paragraphe 8? Comparez sa réponse à l'objection avec celle d'Aristote :
qu'ajoute-t-il? Que représente cette « haine » par rapport à la vertu
(voir l'opposition anéantissement - tyrannie)? — Quel est, semble-t-il,
le vice principal de Syracuse, d'après la première phrase du paragraphe 9?
En quoi le style de ce dernier paragraphe contraste-t-il avec celui des
précédents? Étudiez le rythme de la période finale.

7. SUR L'ENSEMBLE DU CHAPITRE 2. — Appréciez, en vous aidant
des notes, la part de la pensée antique dans ce chapitre; quelle originalité reste à Montesquieu?
— Commentez ces deux critiques, l'une d'Helvétius : « Elle [la démo-
cratie] périt plus souvent par la faute des sénateurs que le peuple s'est
choisis, que par le peuple »; l'autre de Destutt de Tracy : « Cette idée
[le danger de l'esprit d'égalité extrême en démocratie] a-t-elle quelque
rapport particulier avec la vertu démocratique qu'il a caractérisée ailleurs
l'abnégation de soi-même, plus qu'avec tout autre principe politique?
Est-il une société quelconque qui puisse subsister quand tout le monde
veut commander, et que personne ne veut obéir? » Quelles grandes
idées de Montesquieu sont mises en contestation par ces deux textes?

Tombeaux des deux derniers
ROYS DE PERSE.

TOMBEAUX DES DEUX DERNIERS ROIS DE PERSE
Illustration extraite du *Journal du voyage du chevalier Chardin.*

L'auteur chinois nous donne ici la cause de la corruption de presque toutes les monarchies.

La monarchie se perd, lorsqu'un prince croit qu'il montre plus sa puissance en changeant l'ordre des choses qu'en le 15 suivant ; lorsqu'il ôte les fonctions naturelles des uns pour les donner arbitrairement à d'autres, et lorsqu'il est plus amoureux de ses fantaisies que de ses volontés.

La monarchie se perd, lorsque le prince, rapportant tout uniquement à lui, appelle l'État à sa capitale, la capitale à sa 20 cour, et la cour à sa seule personne.

Enfin elle se perd, lorsqu'un prince méconnaît son autorité, sa situation, l'amour de ses peuples ; et lorsqu'il ne sent pas bien qu'un monarque doit se juger en sûreté, comme un despote doit se croire en péril. (8)

CHAP. 11-14. *Force du principe.* « Il y a peu de lois qui ne soient bonnes lorsque l'État n'a point perdu ses principes » ; mais si le principe est corrompu, « les meilleures lois deviennent mauvaises ». La Grèce, Rome en fournissent la preuve.

CHAP. 15-21. *Conservation des principes.* Elle réside dans le respect de certaines propriétés distinctives des différents régimes : ainsi, la république doit n'avoir qu'un petit territoire ; la monarchie

——————— QUESTIONS ———————

8. SUR LE CHAPITRE 6. — Relevez tous les signes d'une symétrie entre la corruption de la monarchie et celle de la démocratie (voir VIII, 2) ; comparez la situation du roi en monarchie et celle du peuple en démocratie. Par quel trait commun se manifeste essentiellement la corruption dans les deux régimes ? Ne peut-on y voir un signe du préjugé aristocratique de Montesquieu ? Relevez des expressions caractéristiques du même sentiment dans le paragraphe 3. Que traduit l'hésitation signalée par la note 1 ?

— Les allusions à la monarchie française et à Louis XIV : comment Montesquieu les introduit-il (rôle du § 2) ? Expliquez, au paragraphe 3, l'opposition entre fantaisies et volontés ; rapprochez des définitions de la monarchie et du despotisme. Essayez de préciser les différents reproches adressés au roi ; en particulier, quel mal représente pour Montesquieu l'organisation de la Cour par Louis XIV ?

— Le style des trois derniers paragraphes : quel effet produisent les reprises de termes ? Relevez les manifestations du rythme ternaire cher à Montesquieu. Peut-on, devant cette mise en forme d'une indignation polémique, parler de lyrisme ?

— Destutt de Tracy objecte à Montesquieu que les désordres qu'il décrit ici n'ont pas de rapport direct avec l'honneur ; la « réponse » de Montesquieu, qui écrit au chapitre suivant que dans de pareilles circonstances « l'honneur a été mis en contradiction avec les honneurs », vous semble-t-elle satisfaisante ?

exige un État « d'une grandeur médiocre »; enfin, « un grand empire suppose une autorité despotique dans celui qui gouverne ». Il s'ensuit qu'un État changera d'esprit « à mesure qu'on rétrécira ou qu'on étendra ses limites ». La Chine semble faire exception, « vaste empire » que les missionnaires décrivent comme un « gouvernement admirable » : mais si certaines anomalies proviennent du « physique du climat », la Chine n'en est pas moins « un État despotique dont le principe est la crainte ».

15. MOYENS TRÈS EFFICACES POUR LA CONSERVATION DES TROIS PRINCIPES

Je ne pourrai me faire entendre que lorsqu'on aura lu les quatre chapitres suivants. **(9)**

16. PROPRIÉTÉS DISTINCTIVES DE LA RÉPUBLIQUE

Il est de la nature d'une république qu'elle n'ait qu'un petit territoire; sans cela elle ne peut guère subsister. Dans une grande république, il y a de grandes fortunes, et par conséquent peu de modération dans les esprits : il y a de trop grands 5 dépôts à mettre entre les mains d'un citoyen; les intérêts se particularisent; un homme sent d'abord qu'il peut être heureux, grand, glorieux, sans sa patrie; et bientôt, qu'il peut être seul grand sur les ruines de sa patrie[1].

Dans une grande république, le bien commun est sacrifié 10 à mille considérations; il est subordonné à des exceptions; il dépend des accidents. Dans une petite, le bien public est mieux senti, mieux connu, plus près de chaque citoyen; les abus y sont moins étendus, et par conséquent moins protégés.

Ce qui fit subsister si longtemps Lacédémone, c'est qu'après 15 toutes ses guerres, elle resta toujours avec son territoire. Le

---

1. Platon, *la République*, IV : « Jusqu'au point où, agrandie, elle conserve son unité, la cité peut prendre de l'extension, mais non pas au-delà. »

QUESTIONS

9. SUR LE CHAPITRE 15. — Approuvez-vous Brunetière quand, devant la brièveté et la désinvolture de ce chapitre, il écrit que c'est là « se moquer du monde, et pas très plaisamment »?

seul but de Lacédémone était la liberté; le seul avantage de
sa liberté, c'était la gloire[1].

Ce fut l'esprit des républiques grecques de se contenter de
leurs terres, comme de leurs lois. Athènes prit de l'ambition,
20 et en donna à Lacédémone : mais ce fut plutôt pour commander à des peuples libres, que pour gouverner des esclaves;
plutôt pour être à la tête de l'union, que pour la rompre. Tout
fut perdu lorsqu'une monarchie s'éleva; gouvernement dont
l'esprit est plus tourné vers l'agrandissement.

25 Sans des circonstances particulières[2], il est difficile que tout
autre gouvernement que le républicain puisse subsister dans
une seule ville. Un prince d'un si petit État chercherait naturellement à opprimer, parce qu'il aurait une grande puissance et
peu de moyens pour en jouir, ou pour la faire respecter : il
30 foulerait donc beaucoup ses peuples. D'un autre côté, un tel
prince serait aisément opprimé par une force étrangère, ou
même par une force domestique; le peuple pourrait à tous les
instants s'assembler et se réunir contre lui. Or, quand un
prince d'une ville est chassé de sa ville, le procès est fini; s'il
35 a plusieurs villes, le procès n'est que commencé[3]. **(10)**

---

1. Arnold Toynbee montre que, pendant près de deux siècles, Sparte a réussi à
refuser la grandeur que les circonstances (et son organisation militaire) voulaient
lui conférer, et que la défaite de Leuctres est survenue à une époque où la plupart
des guerriers lacédémoniens étaient en garnison hors des frontières *(A Study of
History)* ; 2. Comme quand un petit souverain se maintient entre deux grands États
par leur jalousie mutuelle; mais il n'existe que précairement (Montesquieu); 3. *Mes
pensées*, n° 1708 : « Pufendorf, dans son *Histoire*, dit que, dans les États où les
citoyens sont renfermés dans une ville, les peuples sont plus propres à l'aristocratie
et à la démocratie : car si quelqu'un gouverne tyranniquement une ville, les peuples
peuvent se réunir en un instant contre lui; au lieu que, dans les pays dispersés, ils ne
peuvent s'unir. J'en donne une autre raison... » Suit l'idée ici exprimée.

■ **QUESTIONS**

10. Sur l'ensemble du chapitre 16. — Montesquieu développe ici
une idée chère au XVIIIᵉ siècle (par exemple, Rousseau, *Du contrat social*,
III, 4; *Encyclopédie*, article « Démocratie ») : montrez que ce chapitre
révèle les deux expériences historiques, l'une antique, l'autre contemporaine d'où est née cette idée; comment Montesquieu s'efforce-t-il de la
déduire d'abord de la nature (ou plutôt du principe) de la république?
Quelle méthode favorite de l'auteur retrouve-t-on ici? Comment s'explique l'erreur commise sur cette question par les penseurs du XVIIIᵉ siècle?
Ne met-elle pas en cause leur conception même de la république?

— Le paragraphe 4 ne suggère-t-il pas une contradiction inhérente
à la république, entre sa pureté politique et sa sécurité extérieure?

— Comparez, pour le cas d'un État réduit à une seule ville, l'explication de Montesquieu (§ 5) et celle de Pufendorf (note 3) : laquelle vous
paraît plus vraisemblable?

LIVRE IX

DES LOIS DANS LE RAPPORT
QU'ELLES ONT AVEC LA FORCE DÉFENSIVE

CHAP. 1-5. *Force défensive et régime politique.* Les républiques, nécessairement faibles en raison de leur peu d'étendue, ne peuvent subsister qu'en se fédérant. L'État despotique, lui, se protège en sacrifiant ses territoires frontaliers, ou en s'entourant d'États feudataires; la monarchie, en fortifiant, au contraire, ses frontières.

CHAP. 6-10. *Efficience de la force défensive.* Les Etats d'étendue moyenne se prêtent le mieux à la défense; ce qui condamne pratiquement à l'échec les projets de monarchie universelle, et, de façon générale, les guerres lointaines. Ne pas oublier non plus que toute force est relative : ainsi, Louis XIV a bénéficié du plus haut point de la grandeur relative de la France en Europe.

2. QUE LA CONSTITUTION FÉDÉRATIVE
DOIT ÊTRE COMPOSÉE D'ÉTATS DE MÊME NATURE
SURTOUT D'ÉTATS RÉPUBLICAINS

Les Cananéens[1] furent détruits, parce que c'étaient de petites monarchies qui ne s'étaient point confédérées, et qui ne se défendirent pas en commun. C'est que la nature des petites monarchies n'est pas la confédération. (1)

5 La république fédérative d'Allemagne est composée de villes libres et de petits États soumis à des princes[2]. L'expérience

---

1. *Cananéens* : peuples de Chanaan (la Terre promise), dont les nombreux rois furent vaincus par les Israélites, dirigés par Josué (Ancien Testament, Josué, 1-12); 2. Il s'agit du Saint Empire romain germanique, groupant en confédération plus de trois cents États.

--- **QUESTIONS** ---

1. La faculté de théologie de Paris condamna la première phrase comme fausse, répugnant au texte de l'Évangile et contraire à la Providence divine à l'égard du peuple d'Israël. Appréciez la réponse de Montesquieu : « J'ai dit que les peuples de Canaan n'étaient pas confédérés. Eh bien! Dieu a voulu qu'ils ne fussent pas confédérés. [...] Dieu ne changea le cours de la nature que lorsque le cours de la nature n'entra pas dans ses desseins. Il fit des miracles; mais ne les fit que lorsque sa sagesse les demanda. » Définissez les deux conceptions du miracle qui s'opposent ici. Dans quel sens a évolué l'Église catholique depuis le XVIIIe siècle sur ce sujet?

fait voir qu'elle est plus imparfaite que celles de Hollande et de Suisse[1].

L'esprit de la monarchie est la guerre et l'agrandissement;
10 l'esprit de la république est la paix et la modération. Ces deux sortes de gouvernements ne peuvent que d'une manière forcée subsister dans une république fédérative. (2)

Aussi voyons-nous dans l'histoire romaine que, lorsque les Véiens eurent choisi un roi, toutes les petites républiques de
15 Toscane les abandonnèrent[2]. Tout fut perdu en Grèce, lorsque les rois de Macédoine obtinrent une place parmi les Amphictyons[3].

La république fédérative d'Allemagne, composée de princes et de villes libres, subsiste parce qu'elle a un chef, qui est en
20 quelque façon le magistrat de l'union, et en quelque façon le monarque[4]. (3) (4)

---

1. La république de Provinces-Unies, réunissant sept provinces protestantes à partir de 1579, hésita au cours du son histoire entre une Confédération, républicaine mais faible, et un État fédéral, fort mais tendant à la monarchie sous le stathoudérat des princes d'Orange. La Suisse formait une Confédération depuis le XVIe siècle, mais Montesquieu ne mentionne pas les nombreuses guerres civiles qui l'ont déchirée; 2. Véies, ville d'Étrurie, résista un siècle (Ve s. av. J.-C.) à Rome : ses alliés l'abandonnèrent au cours de la dernière guerre (405-495 av. J.-C.), et en son sein même les aristocrates se montrèrent favorables aux Romains; 3. Amphictyons : députés des cités grecques réunis à Delphes. Philippe de Macédoine profita d'un conflit entre les Amphictyons et les Phocidiens pour intervenir en Grèce. Après avoir vaincu les cités grecques, il les réunit dans la ligue de Corinthe, dont il était le maître tout-puissant; 4. Montesquieu avait écrit un chapitre, Des différentes manières de s'unir, où il affirme qu'une confédération est d'autant plus parfaite qu'elle est plus proche de la démocratie.

QUESTIONS

2. Quel trait commun présentent les deux exemples (Cananéen et Allemagne)? Où se trouve la conclusion à tirer de ce rapprochement? L'affirmation contenue dans la première phrase du paragraphe 3 vous paraît-elle valide (pensez à certaines monarchies antiques)? Montrez qu'en fait elle est inspirée à Montesquieu par un exemple récent, dont il tire une généralisation rapide, qui lui est nécessaire : pourquoi?

3. Le paragraphe 5 peut sembler rapporté : montrez qu'il est pourtant nécessaire et boucle le raisonnement. L'argument donné pour justifier la survie de la république d'Allemagne vous satisfait-il?

4. SUR L'ENSEMBLE DU CHAPITRE 2. — En vous aidant des notes, étudiez l'utilisation que Montesquieu fait de ses exemples historiques. A-t-il suffisamment distingué fédération et confédération?

— Reconstituez le raisonnement de ce chapitre. A quelle méthode scientifique s'apparente-t-il? Ne peut-on lui reprocher de mêler deux idées (impossibilité pour les petites monarchies de se confédérer, et dangers des confédérations mixtes), ou, peut-être plus gravement, de les démontrer l'une par l'autre et réciproquement?

PRISONNIERS DE GUERRE

Bas-relief assyrien. Paris, musée du Louvre.

7. RÉFLEXIONS[1]

Les ennemis d'un grand prince qui a si longtemps régné l'ont mille fois accusé, plutôt, je crois, sur leurs craintes que sur leurs raisons, d'avoir formé et conduit le projet de la monarchie universelle[2]. S'il y avait réussi, rien n'aurait été
5 plus fatal à l'Europe, à ses anciens sujets, à lui, à sa famille. Le ciel, qui connaît les vrais avantages, l'a mieux servi par des défaites qu'il n'aurait fait par des victoires. Au lieu de le rendre le seul roi de l'Europe, il le favorisa plus en le rendant le plus puissant de tous[3]. (5)

10 Sa nation qui, dans les pays étrangers, n'est jamais touchée que de ce qu'elle a quitté; qui, en partant de chez elle, regarde la gloire comme le souverain bien, et dans les pays éloignés, comme un obstacle à son retour; qui indispose par ses bonnes qualités mêmes, parce qu'elle paraît y joindre du mépris; qui
15 peut supporter les blessures, les périls, les fatigues, et non pas la perte de ses plaisirs; qui n'aime rien autant que sa gaieté, et se console de la perte d'une bataille lorsqu'elle a chanté le général[4], n'aurait jamais été jusqu'au bout d'une entreprise qui ne peut manquer dans un pays sans manquer dans tous
20 les autres, ni manquer un moment sans manquer pour toujours. (6) (7)

---

1. Soucieux d'utiliser tous ses documents, Montesquieu reprend ici, comme dans le chapitre précédent (*De la force défensive des Etats en général*), de larges passages d'un opuscule rédigé vers 1727 : *Réflexions sur la monarchie universelle en Europe*, qu'il avait renoncé à publier; 2. Du moins en Europe. Le « grand prince » est évidemment Louis XIV. Sur ce problème souvent soulevé à l'époque, voir, par exemple, J.-F. Bernard dans ses *Réflexions morales, satiriques et comiques* (1711), qui sont une source des *Lettres persanes* : « Depuis le grand empereur des Allemands, nommé Charles Quint, les chrétiens n'ont cessé, tantôt les uns et tantôt les autres, d'aspirer à la monarchie universelle »; et, à propos de Louis XIV lui-même, un pamphlet de Courtils de Sandras, *Conduite de la France depuis la paix de Nimègue*, où on lit : « Connaissons qu'il [le roi de France] usurpe déjà tous les droits des souverains, comme si véritablement il était déjà souverain de tout le monde » (1683); sans oublier Fénelon, *Lettre à Louis XIV* : « Vous rapportez tout à vous, comme si vous étiez le dieu de la Terre, et que tout le reste n'eût été créé que pour vous être sacrifié »; 3. Montesquieu a écrit dans le chapitre précédent : « L'agrandissement des États leur fait montrer de nouveaux côtés par où on peut les prendre »; 4. Sans doute allusion à la bataille de Malplaquet et à la célèbre chanson sur Marlborough (1709).

QUESTIONS

5. Dans la première phrase, *je crois* est une addition au texte de 1727; quelle peut en être l'intention? — L'idée des trois dernières phrases (les voies détournées du bien) apparaît souvent chez Montesquieu : cherchez-en d'autres exemples. Quelle conception du rôle des individus implique-t-elle ici? Que peut recouvrir *le ciel* de la troisième phrase?

6, 7. Questions sur le chapitre 7 : voir page suivante.

LIVRE X

DES LOIS DANS LE RAPPORT
QU'ELLES ONT AVEC LA FORCE OFFENSIVE

CHAP. 1-3. *Guerre et conquête.*

2. DE LA GUERRE

La vie des États est comme celle des hommes. Ceux-ci ont droit de tuer dans le cas de la défense naturelle; ceux-là ont droit de faire la guerre pour leur propre conservation.

Dans le cas de la défense naturelle, j'ai droit de tuer, parce
5 que ma vie est à moi, comme la vie de celui qui m'attaque est à lui : de même un État fait la guerre, parce que sa conservation est juste comme toute autre conservation.

Entre les citoyens le droit de la défense naturelle n'emporte point avec lui la nécessité de l'attaque. Au lieu d'attaquer,
10 ils n'ont qu'à recourir aux tribunaux. Ils ne peuvent donc exercer le droit de cette défense que dans les cas momentanés où l'on serait perdu si l'on attendait le secours des lois. Mais, entre les sociétés, le droit de la défense naturelle entraîne quelquefois la nécessité d'attaquer, lorsqu'un peuple voit

─────── **QUESTIONS** ───────

6. La mentalité collective du Français : dégagez-en les principaux traits selon Montesquieu; vous paraissent-ils bien observés? Faites appel, par exemple, à vos expériences (touristiques) de séjours à l'étranger (du moins pour certains des traits).

7. SUR L'ENSEMBLE DU CHAPITRE 7. — Montesquieu avait écrit en 1727 : « Sa nation qui, dans les pays étrangers, n'est jamais touchée que de ce qu'elle a quitté; qui, en partant de chez elle, regarde la gloire comme le souverain bien, et, dans les lieux éloignés, comme un obstacle à son retour, qui y révolte par ses bonnes qualités mêmes, parce qu'elle y joint toujours du mépris; qui peut supporter les périls et les blessures et non pas la perte de ses plaisirs; qui sait mieux se procurer des succès qu'en profiter, et, dans une défaite, ne perd pas, mais abandonne; qui fait toujours la moitié des choses admirablement bien, et quelquefois très mal l'autre; qui n'aime rien tant que sa gaieté et oublie la perte d'une bataille lorsqu'elle a chanté le général, n'aurait jamais été jusqu'au bout d'une pareille entreprise, parce qu'elle est de nature à ne pouvoir guère échouer dans un endroit sans tomber dans tous les autres, et manquer un moment sans manquer pour toujours. » Relevez les différences de textes, et essayez de trouver leurs justifications (nuances de la pensée, travail du style).

15 qu'une plus longue paix en mettrait un autre en état de le
détruire, et que l'attaque est dans ce moment le seul moyen
d'empêcher cette destruction.

Il suit de là que les petites sociétés ont plus souvent le droit
de faire la guerre que les grandes, parce qu'elles sont plus
20 souvent dans le cas de craindre d'être détruites. **(1)**

Le droit de la guerre dérive donc de la nécessité et du juste
rigide. Si ceux qui dirigent la conscience ou les conseils des
princes ne se tiennent pas là, tout est perdu; et lorsqu'on se
fondera sur des principes arbitraires de gloire, de bienséance,
25 d'utilité, des flots de sang inonderont la terre.

Que l'on ne parle pas surtout de la gloire du prince; sa
gloire serait son orgueil; c'est une passion et non pas un droit
légitime.

Il est vrai que la réputation de sa puissance pourrait augmen-
30 ter les forces de son État; mais la réputation de sa justice les
augmenterait tout de même. **(2) (3)**

──────── **QUESTIONS** ────────

1. Montrez que Montesquieu cherche à fonder la guerre sur un principe
à la fois physique et philosophique : quel mot l'exprime (§ 1 et 2)? — Le
troisième paragraphe n'est-il pas plus inquiétant? Comparez avec Locke
parlant de l'état de nature : « Celui qui tâche d'avoir un autre en son
pouvoir absolu se met par là dans l'état de guerre avec lui, lequel ne peut
regarder son procédé que comme une déclaration et un dessein formé
contre sa vie. » A la lumière de l'histoire, le « réalisme » de Montesquieu
vous semble-t-il préférable? — Qu'entend Montesquieu par *petites sociétés*
au paragraphe 4? Certaines sociétés, petites relativement à l'étendue du
territoire, mais importantes démographiquement, ne peuvent-elles puiser
dans cette situation un prétexte à leurs agressions?

2. A quel mot renvoie plus haut *la nécessité* de la première phrase?
Montrez que Montesquieu a, au contraire, le souci de restreindre les bases
juridiques de la guerre ici. — A qui Montesquieu s'en prend-il (l. 22-25)?
Pourquoi pas aux princes eux-mêmes? En quoi les principes de gloire,
de bienséance, d'utilité sont-ils arbitraires? Pourquoi Montesquieu
revient-il sur la gloire (§ 6)? Trouve-t-il toujours aussi peu légitimes
des principes passionnels? Montrez que le ton change dans les paragraphes 5 et 6.

3. SUR L'ENSEMBLE DU CHAPITRE 2. — Les différentes justifications
de la guerre ici. Comparez avec les *Lettres persanes*, 95 : « Il n'y a que
deux sortes de guerres justes : les unes qui se font pour repousser un
ennemi qui attaque, les autres pour secourir un allié qui est attaqué. »
— Étudiez la part du réalisme et celle de l'idéalisme dans ce chapitre;
l'équilibre obtenu vous satisfait-il?

3. DU DROIT DE CONQUÊTE

Du droit de la guerre dérive celui de conquête, qui en est la conséquence; il en doit donc suivre l'esprit.

Lorsqu'un peuple est conquis, le droit que le conquérant a sur lui suit quatre sortes de lois : la loi de la nature, qui fait
5 que tout tend à la conservation des espèces; la loi de la lumière naturelle, qui veut que nous fassions à autrui ce que nous voudrions qu'on nous fît; la loi qui forme les sociétés politiques, qui sont telles que la nature n'en a point borné la durée; enfin la loi tirée de la chose même. La conquête est une acqui-
10 sition; l'esprit d'acquisition porte avec lui l'esprit de conservation et d'usage, et non pas celui de destruction.

Un État qui en a conquis un autre le traite d'une des quatre manières suivantes : il continue à le gouverner selon ses lois, et ne prend pour lui que l'exercice du gouvernement politique
15 et civil; ou il lui donne un nouveau gouvernement politique et civil; ou il détruit la société, et la disperse dans d'autres; ou enfin il extermine tous les citoyens.

La première manière est conforme au droit des gens que nous suivons aujourd'hui; la quatrième est plus conforme au
20 droit des gens des Romains[1] : sur quoi je laisse à juger à quel point nous sommes devenus meilleurs. Il faut rendre ici hommage à nos temps modernes, à la raison présente, à la religion d'aujourd'hui, à notre philosophie, à nos mœurs[2]. (4)

1. En fait, les Romains n'avaient guère de droit des gens et ont pratiqué les quatre politiques énoncées ci-dessus; 2. Grotius écrit dans le Discours préliminaire à son traité *De la guerre et de la paix* : « J'ai remarqué de tous côtés, dans le monde chrétien, une licence si effrénée par rapport à la guerre, que les nations les plus barbares en devraient rougir. On court aux armes ou sans raison, ou pour de très légers sujets; et quand une fois on les a en mains, on foule aux pieds tout droit divin et humain; comme si, dès lors, on était autorisé et fermement résolu à commettre toute sorte de crimes sans retenue. » Avant lui, au XVIᵉ siècle, des théologiens espagnols comme Victoria et Suarez avaient déjà entrepris de fonder un droit international.

——— **QUESTIONS** ———

4. Le problème traité dans ce passage. Montrez que le paragraphe 2 traite du droit et les paragraphes 3 et 4 du fait. Qu'entendez-vous par *la loi tirée de la chose même?* Montrez que les quatre lois convergent vers une seule politique : laquelle? — Trouvez les termes modernes qui désignent les quatre politiques énumérées au paragraphe 3. Voyez-vous d'autres solutions possibles? — L'optimisme du paragraphe 4 vous paraît-il justifié? Est-ce seulement le progrès moral qui est responsable de cet adoucissement? Quelle est la pratique contemporaine?

Les auteurs de notre droit public, fondés sur les histoires
25 anciennes, étant sortis des cas rigides, sont tombés dans de
grandes erreurs. Ils ont donné dans l'arbitraire; ils ont supposé
dans les conquérants un droit, je ne sais quel, de tuer : ce qui
leur a fait tirer des conséquences terribles comme le principe,
et établir des maximes que les conquérants eux-mêmes, lors-
30 qu'ils ont eu le moindre sens, n'ont jamais prises[1]. Il est clair
que, lorsque la conquête est faite, le conquérant n'a plus le
droit de tuer, puisqu'il n'est plus dans le cas de la défense
naturelle, et de sa propre conservation.

Ce qui les a fait penser ainsi, c'est qu'ils ont cru que le conqué-
35 rant avait droit de détruire la société : d'où ils ont conclu
qu'il avait celui de détruire les hommes qui la composent;
ce qui est une conséquence faussement tirée d'un faux principe. Car, de ce que la société serait anéantie, il ne s'ensuivrait
pas que les hommes qui la forment dussent aussi être anéantis.
40 La société est l'union des hommes, et non pas les hommes;
le citoyen peut périr, et l'homme rester. **(5)**

Du droit de tuer dans la conquête, les politiques ont tiré
le droit de réduire en servitude; mais la conséquence est
aussi mal fondée que le principe.

---

1. Grotius constate que le droit de la guerre « permet » par intérêt de tuer tous
les ennemis, même les femmes et les enfants, même les prisonniers qui se sont
rendus à discrétion. Bossuet *(Politique tirée de l'Ecriture sainte)*, tout en vantant
la clémence, admet que l'on tue des prisonniers pour accoutumer les soldats à
mépriser l'ennemi. Locke lui-même *(Du gouvernement civil)* écrit que l'agressé,
s'il a vaincu, « a droit sur la vie de ses ennemis et peut la leur ôter quand il lui
plaît », en faisant toutefois la part des responsabilités réelles.

--- **QUESTIONS** ---

5. La transition avec les paragraphes précédents ne paraît-elle pas
brutale? Trouvez dans la première phrase du paragraphe 5 des éléments
qui assurent l'enchaînement. — Qu'entendez-vous par *cas rigides?* Montrez, en comparant le paragraphe 4 au texte de Grotius résumé dans la
note 1, que Montesquieu cherche à fonder un véritable droit public, au
lieu de se contenter de codifier avec répugnance les coutumes en vigueur.
La part de la sensibilité dans cette entreprise : trouvez-la dans le vocabulaire et le style. — Soulignez la logique du raisonnement (en rappro-
chant aussi du chapitre précédent). Montrez dans le paragraphe 6 le
souci d'extirper la racine du mal. Insiste-t-on également sur la fausseté
du principe ou sur celle de la conséquence? Pourquoi? — La distinction
de l'homme et du citoyen vous paraît-elle artificielle ou valide? (Voir
livre premier, chapitre 2.)

45 On n'a droit de réduire en servitude que lorsqu'elle est nécessaire pour la conservation de la conquête. L'objet de la conquête est la conservation : la servitude n'est jamais l'objet de la conquête; mais il peut arriver qu'elle soit un moyen nécessaire pour aller à la conservation. **(6)**

50 Dans ce cas, il est contre la nature de la chose que cette servitude soit éternelle. Il faut que le peuple esclave puisse devenir sujet. L'esclavage dans la conquête est une chose d'accident. Lorsque, après un certain espace de temps, toutes les parties de l'État conquérant se sont liées avec celles de l'État 55 conquis, par des coutumes, des mariages, des lois, des associations, et une certaine conformité d'esprit, la servitude doit cesser. Car les droits du conquérant ne sont fondés que sur ce que ces choses-là ne sont pas, et qu'il y a un éloignement entre les deux nations tel que l'une ne peut pas prendre confiance 60 en l'autre.

Ainsi, le conquérant qui réduit le peuple en servitude doit toujours se réserver des moyens (et ces moyens sont sans nombre) pour l'en faire sortir.

Je ne dis point ici des choses vagues. Nos pères, qui conquirent 65 l'empire romain, en agirent ainsi. Les lois qu'ils firent dans le

─────── **QUESTIONS** ───────

6. Quelle seule forme de servitude Montesquieu considère-t-il? Comparez avec les textes suivants : (Grotius) « Ce ne sont pas seulement ceux qui se rendent, ou qui se soumettent à l'esclavage par une promesse, qui sont réputés esclaves, mais tous ceux, généralement, qui se trouvent pris dans une guerre publique et en forme » (mais il trouve « louable » la coutume chrétienne de se contenter d'une rançon); et : « Si l'on peut réduire à un esclavage personnel chaque particulier du parti de l'ennemi qui est tombé entre nos mains [...], il n'y a pas lieu de s'étonner que l'on puisse imposer à tous le corps des ennemis, soit qu'il fasse un État entier, ou seulement partie de l'État, une sujétion purement civile, ou purement despotique, ou qui tienne de l'une et de l'autre (c'est-à-dire « lorsque des vaincus conservent quelque liberté personnelle, au milieu de l'esclavage où ils entrent »). Mais c'est Hobbes qui est le plus ferme : une des sources de l'esclavage, c'est « quand, se trouvant prisonnier de guerre, ou vaincu, ou qu'on se défie de ses propres forces, on promet au vainqueur, ou au plus fort qui donne quartier et promet protection, de le servir et être à lui, c'est-à-dire de faire tout ce qu'il commandera. Contrat auquel l'homme vaincu ou plus faible reçoit en bienfait sa vie sauve, que dans l'état de nature on pouvait lui ôter; et promet pour récompense obéissance et service ». Montesquieu reprendra ce problème au livre XV, chapitre 2. — Montrez au paragraphe 8 la continuité du raisonnement et sa cohérence avec tout ce qui précède.

feu, dans l'action, dans l'impétuosité, dans l'orgueil de la victoire, il les adoucirent; leurs lois étaient dures, ils les rendirent impartiales. Les Bourguignons, les Goths et les Lombards voulaient toujours que les Romains fussent le peuple
70 vaincu; les lois d'Euric, de Gondebaud et de Rotharis firent du Barbare et du Romain des concitoyens[1].

Charlemagne, pour dompter les Saxons, leur ôta l'ingénuité et la propriété des biens. Louis le Débonnaire les affranchit : il ne fit rien de mieux dans tout son règne. Le temps et la ser-
75 vitude avaient adouci leurs mœurs; ils lui furent toujours fidèles[2]. (7) (8)

Chap. 4-17. *Conséquence des conquêtes.* La conquête peut servir le pays conquis en corrigeant les vices politiques qui ont amené son affaiblissement. Pour l'État conquérant, elle est généralement nuisible, s'il s'agit d'une république (dangers des trop grands pouvoirs donnés aux généraux); mais la monarchie peut en profiter, à condition de se garder d'un agrandissement excessif, et de traiter avec

---

1. Paragraphe ajouté en cours d'impression, parallèlement à la rédaction des trois derniers livres, auxquels Montesquieu renvoie en note; 2. Paragraphe ajouté en 1757.

─────── **QUESTIONS** ───────

7. Sens de l'antithèse sujet-esclave au paragraphe 9, deuxième phrase. A quelle solution politique aboutit, selon le paragraphe 9, la servitude temporaire d'un État conquis? Comparez la *Pensée* 1885, dont Montesquieu reprend ici certains passages : « Il est encore contre les lois naturelles qu'une république qui a conquis un peuple le traite toujours comme sujet, et non comme allié, lorsque, après un espace considérable de temps, toutes les parties de l'un se sont alliées, les unes aux autres, par des mariages... » Comment expliquez-vous les modifications apportées par Montesquieu? Quel texte vous paraît plus net? A quel problème contemporain ce passage fait-il penser? Les événements donnent-ils raison à Montesquieu? — Comment expliquez-vous l'addition des deux derniers paragraphes?

8. Sur l'ensemble du chapitre 3. — Comparez la position de Montesquieu à celle de Locke, qui écrit que le vainqueur « a droit sur la vie de ses ennemis et peut à leur ôter quand il lui plaît », mais « n'a point droit sur leurs biens pour en jouir et en posséder... sinon autant qu'il est juste de se dédommager et de réparer les pertes et les frais qu'on a faits dans la guerre; avec cette réserve et cette considération que les droits des femmes et des enfants innocents soient conservés ». Quelles différences dans l'ordre des valeurs cette confrontation révèle-t-elle?
— Comment Montesquieu accorde-t-il conservation et conquête? Vous paraît-il possible d'éliminer l' « arbitraire » du droit public... et même de fonder un droit public?

respect les lois et les mœurs des peuples vaincus. Viennent alors deux portraits de conquérants : Charles XII, qui « se croyait le maître du monde dans les déserts de la Pologne » et dont les immenses projets étaient démesurés pour les ressources de son pays ; et Alexandre, qui, au contraire, joignait « au feu de ses passions mêmes [...] une saillie de raison », et qui « voulut tout conquérir pour tout conserver [c'est-à-dire préserver] ». Quant au despote, il ne peut protéger ses conquêtes que par l'entretien d'un « corps particulièrement affidé », et l'établissement dans les pays conquis d'États feudataires.

COMBAT ENTRE ROMAINS ET GAULOIS
Rome, musée du Capitole.

DOCUMENTATION THÉMATIQUE

réunie par la Rédaction des Nouveaux Classiques Larousse.

1. Montesquieu et les problèmes politiques :

    1.0. Classification des gouvernements ;

    1.1. La monarchie ;

    1.2. Le despotisme.

2. La théorie des climats :

    2.1. La théorie des climats au XVIIIe siècle ;

    2.2. La *Défense de « l'Esprit des lois »*.

1. MONTESQUIEU ET LES PROBLÈMES POLITIQUES

1.0. LA CLASSIFICATION DES GOUVERNEMENTS

Platon, au livre VIII de *la République*, distingue cinq types de gouvernements constituant un cycle qui va de la perfection à la dégradation extrême :

— l'aristocratie, qui « reconnaît pour rois ceux qui se sont montrés les meilleurs comme philosophes et comme guerriers » ;
— la timocratie, fondée sur l'ambition et l'amour des honneurs, et dominée par la classe des guerriers ;
— l'oligarchie, fondée sur la richesse, « où les riches commandent et où le pauvre ne participe point au pouvoir » ;
— la démocratie, fondée sur un « désir insatiable de liberté », et qui naît d'une revanche des pauvres sur les riches ;
— la tyrannie, servitude extrême succédant à la licence extrême de la démocratie.

Aristote, dans sa *Politique*, dégage deux critères, le nombre des gouvernants et la justice du régime, et trouve ainsi six types principaux :

	UN GOUVERNANT	PLUSIEURS GOUVERNANTS	LA MULTITUDE GOUVERNE
dans l'intérêt commun	monarchie	aristocratie	république
dans l'intérêt du (ou des) gouvernant(s)	tyrannie	oligarchie	démocratie

Hobbes, au chapitre VII du *De cive*, distingue trois types de pactes créant trois gouvernements, différents par la nature de leur « souverain » :

— la démocratie, née du « pacte d'un chacun à tout autre », qu'il formule ainsi : « Je transporte pour l'amour de vous tout mon droit au peuple à condition que pour l'amour de moi vous lui transportiez tout le vôtre » ;
— l'aristocratie, où commande absolument une assemblée de gens élue à qui « le peuple ou l'Etat [...] transporte tout ce qu'il avait de droit » ;
— la monarchie, quand le peuple « transporte sur un seul homme tout son droit et puissance souveraine » ; « le monarque ne s'oblige

donc par pacte à personne pour l'autorité reçue [...] ; comme le peuple a eu le droit de faire ce monarque, ce monarque a le droit d'en faire un autre » ;

— quant à l'oligarchie, l'anarchie, la tyrannie, « ce ne sont pas là trois autres espèces d'Etat, mais seulement trois autres noms qu'on leur donne (aux trois régimes cités plus haut), de ce qu'on n'y aimait point la forme du gouvernement, ou les gens qui gouvernaient ». D'autre part, pas de régimes mixtes ou tempérés, car il n'y a pas de milieu entre la sujétion et la guerre civile, « qui est pis que toute sujétion ».

Locke, au chapitre IX de son *Traité du gouvernement civil,* énumère la démocratie, l'oligarchie et la monarchie, soit héréditaire, soit élective, mais ajoute aussitôt : « Il est dans la liberté d'une société de former et établir un gouvernement de la manière qu'il lui plaît, de le combiner, de le mêler de différentes sortes, [...] comme elle juge à propos. »

1.1. LA MONARCHIE

1.1.0. Le problème des origines de la monarchie française au XVIII° siècle.

On peut distinguer en gros trois thèses, soutenues :

1° *Par les nobles.*

Le 13 mars 1664, les ducs et comtes pairs de France chargent le « sieur abbé Le Laboureur » de rechercher dans l'histoire les preuves de leurs droits et prérogatives. Il rédige une *Histoire de la pairie* (qui ne sera éditée qu'en 1740 et 1743, mais qui est connue en manuscrit dès 1665). Il part de l'affirmation de la servitude des Gaulois vaincus et de la liberté des Francs, qui constituent une noblesse partageant avec le Prince le gouvernement (assemblées des champs de Mars et de Mai) ; puis le système féodal constitue une hiérarchie de vassaux et arrière-vassaux, au sommet de laquelle se situent les hauts barons de la « Cour du roi », ancêtres des pairs actuels. La Cour du roi a survécu sous la forme du parlement, qui, pour Le Laboureur, est essentiellement constitué du roi et des pairs ; c'est ce parlement ainsi entendu « qui représente la Nation française en son ancien état ». Donc d'une part une infime minorité traitant d'égal à égal avec le roi, de l'autre une masse d'inférieurs (petits nobles, roturiers, etc.).

Saint-Simon partage à peu près cette position. Le comte de Boulainvilliers (l'*Ancien Gouvernement de France,* 1727) apporte quelques nuances. Mêmes points de départ : inégalité des vainqueurs et des vaincus, égalité entre les vaincus ; le roi est librement choisi ; la noblesse, la propriété, les exemptions, le droit de justice sont les attributs naturels des Francs établis en Gaule. Le système connaît son apogée sous Charlemagne ; ensuite il est peu à peu ruiné par le démembrement de l'Empire et l'action des rois, qui, dès Louis XI, atteignent presque « le pouvoir despotique qu'ils exercent aujourd'hui ». Pour Boulainvilliers, la noblesse (plus étendue que dans la conception de Le Laboureur) forme un corps imperméable, une race fixée, où les décisions d'anoblissement ne peuvent absolument pas faire pénétrer. Pourtant il pense que le développement du commerce et l'aménagement de la justice peuvent amener la noblesse à consentir à l'égalité ; il voit celle-ci dans la restauration des états généraux, qui sont la survivance des champs de Mai (il conseilla la mesure au Régent). Mais il entend bien que dans ces états les nobles jouiraient des grandes charges et de la prépondérance. L'égalité absolue est impossible dans une monarchie, car, en détruisant les « puissances particulières » (voir les corps intermédiaires de Montesquieu), elle favoriserait le despotisme.

2° *Par les parlementaires.*

Ils ne se consolent pas d'avoir perdu ce qu'ils considéraient leur rôle fondamental : celui d'un Sénat modérateur ; ils s'enhardissent quand, sous la Régence, ils recouvrent le droit de remontrance, mais, depuis longtemps, des libelles courent sous le manteau.

Eux aussi prétendent descendre des anciennes assemblées et se tiennent pour les pairs du royaume : un mémoire anonyme s'intitule *Essai historique concernant les droits et prérogatives de la cour des pairs de France séant à Paris.* Le plus scandaleux de ces écrits, le *Judicium Francorum* (qui reprend en 1732 un pamphlet des derniers temps de la Fronde), rattache le parlement aux assemblées de tribus germaniques. Seul représentant de la nation en face du monarque, le parlement peut donc lui imposer les « règles de la raison et de la justice », et lui refuser l'obéissance quand il les viole, car, dit un libelle, « il n'agit pas en roi, et il est permis de ne lui pas obéir, ou plutôt il n'est pas permis de lui obéir » ; et le *Judicium Francorum* de renchérir : « Il n'y a qu'un sceau, qu'un caractère public, qu'une puissance légitime : mais cette puissance se forme de l'union des sujets avec le souverain, et du souverain avec les sujets ; étant certain que les Français ont choisi le gouvernement monarchique non pour perdre leur liberté, mais au contraire pour la maintenir et pour la défendre. » Le *Judicium* fut condamné au feu par... le parlement ; on peut penser que ce ne fut pas de bon cœur !

3° *Par l'abbé Dubos.*

Il publie en 1734 son *Histoire critique de l'établissement de la monarchie française dans les Gaules,* où il cherche à réfuter Boulainvilliers.

Il nie la conquête, et donc la supériorité des Barbares sur les Gallo-Romains ; il présente les Francs comme une minorité ethnique très assimilée, au point de reprendre les institutions romaines (empereurs héréditaires, absolus, qui ont droit de vie et de mort sur les plus grands des sujets). Il réhabilite donc les rois de la troisième race, les Capétiens, si dénigrés par les aristocrates « germanistes » ; ces rois n'ont fait « autre chose que de revendiquer les droits imprescriptibles de la Couronne et les droits du peuple sur les usurpateurs qui s'étaient emparés des uns et des autres, dans le neuvième siècle et le dixième. »

D'Argenson va au bout de cette attitude dans ses *Considérations sur le gouvernement ancien et présent de la France,* parues après sa mort, en 1764 et 1784 : très sceptique sur le régime anglais, sur les états généraux, sur le droit de remontrance, il préconise le retour au régime municipal de la Gaule romaine, qui concilie les droits du prince et l'autonomie des sujets.

La querelle des « germanistes » et des « romanistes » s'est prolongée au XIXᵉ siècle. Les historiens modernes pensent que, si les Gaulois n'ont pas été réduits en servitude, ils ont tout de même été soumis aux envahisseurs. Quant à la noblesse française, elle est probablement née de la vassalité.

1.1.1. Voltaire : la théorie et la pratique.

Voici ce qu'écrit Voltaire dans *le Siècle de Louis XIV*. (Le texte est donné dans l'orthographe originale.)

> Déjà Marlborough avait pris Tournai, dont Eugène avait couvert le siège. Déjà ces deux généraux marchaient pour investir Mons. Le maréchal de Villars s'avança pour les en empêcher. Il avait avec lui le maréchal de Boufflers, son ancien, qui avait demandé à servir sous lui. Boufflers aimait véritablement le roi et la patrie. Il prouva en cette occasion (malgré la maxime d'un homme de beaucoup d'esprit) que, dans un État monarchique, et surtout sous un bon maître, il y a des vertus. Il y en a sans doute tout autant que dans les républiques, avec moins d'enthousiasme peut-être, mais avec plus de ce qu'on appelle honneur[1].

---

1. Cet endroit mérite d'être éclairci. L'auteur célèbre de *l'Esprit des lois* dit que l'honneur est le principe des gouvernements monarchiques, et la vertu le principe des gouvernements républicains.

Ce sont là des idées vagues et confuses qu'on a attaquées d'une manière aussi vague, parce que rarement on convient de la valeur des termes, rarement on s'entend. L'honneur est le désir d'être honoré, d'être estimé : de là vient l'habitude de ne rien faire dont on puisse rougir. La vertu est l'accomplissement des devoirs, indépendamment du désir de l'estime. De là vient que l'honneur est commun, la vertu rare.

Le principe d'une monarchie ou d'une république n'est ni l'honneur ni la vertu. Une monarchie est fondée sur le pouvoir d'un seul ; une république est fondée sur le pouvoir que plusieurs ont d'empêcher le pouvoir d'un seul. La plupart des monarchies ont été établies par des chefs d'armée, les républiques par des citoyens assemblés. L'honneur est commun à tous les hommes, la vertu rare dans tout gouvernement. L'amour-propre de chaque membre d'une république veille sur l'amour-propre des autres ; chacun voulant être maître, personne ne

1.1.2. Les explications de Montesquieu.

L'auteur de *l'Esprit des lois* s'explique sur ce problème dans la XIᵉ proposition des *Réponses et explications données à la faculté de théologie.* (Le texte est donné dans l'orthographe originale.)

XIᵉ PROPOSITION

« *La Vertu n'est point le principe du Gouvernement monarchique.* — L'Etat subsiste indépendamment de l'amour de la patrie, du désir de la vraie gloire, du renoncement à soi-même, du sacrifice de ses plus chers intérêts et de toutes ces vertus héroïques que nous trouvons dans les Anciens, et dont nous avons seulement entendu parler. — Les lois y tiennent la place de toutes ces vertus dont on n'a aucun besoin ; l'Etat vous en dispense... »

« *L'Honneur,* c'est-à-dire le préjugé de chaque personne et de chaque condition, prend la place de la Vertu et la représente partout... — Ainsi, dans les monarchies bien réglées, tout le monde sera à peu près bon citoyen, et on trouvera rarement quelqu'un qui soit homme de bien : car, pour être homme de bien, il faut avoir intention de l'être. »

RÉPONSE ET EXPLICATION

Ce que j'ai appelé *la Vertu* dans la République est l'amour de la patrie, c'est-à-dire l'amour de l'égalité. Ce n'est point une vertu morale ni une vertu chrétienne ; c'est la Vertu politique. Si je me suis servi du mot de *Vertu,* je l'ai défini. Ainsi il faut suivre ma définition. J'ai expliqué ceci dans le premier *Eclaircissement,* qui est à la suite de ma *Défense* contre la Nouvelliste ecclésiastique (page 199), où je cite les endroits de mon livre qui expliquent ceci. Il est essentiel que l'on lise cet *Eclaircissement.*

---

l'est ; l'ambition de chaque particulier est un frein public, et l'égalité règne. Dans une monarchie affermie, l'ambition ne peut s'élever qu'en plaisant au maître, ou à ceux qui gouvernent sous le maître. Il n'y a dans ces premiers ressorts ni honneur ni vertu, de part ni d'autre ; il n'y a que de l'intérêt. La vertu est en tout pays le fruit de l'éducation et du caractère. Il est dit dans *l'Esprit des lois* qu'il faut plus de vertu dans une république ; c'est en un sens tout le contraire ; il faut beaucoup plus de vertu dans une cour, pour résister à tant de séductions. Le duc de Montausier, le duc de Beauvilliers, étaient des hommes d'une vertu très austère. Le maréchal de Villeroi joignit des mœurs plus douces à une probité non moins incorruptible. Le marquis de Torci a été un des plus honnêtes hommes de l'Europe, dans une place où la politique permet le relâchement dans la morale. Les contrôleurs généraux Le Pelletier et Chamillart passèrent pour être moins habiles que vertueux.

Il faut avouer que Louis XIV, dans cette guerre malheureuse, ne fut guère entouré que d'hommes irréprochables ; c'est une observation très vraie et très importante dans une histoire où les mœurs ont tant de part. (Note de Voltaire.)

Cette Vertu politique, qui est l'amour de la patrie ou de l'égalité dans la République, est le ressort qui fait agir le gouvernement républicain, comme l'Honneur est le ressort politique du gouvernement monarchique. Ce qui fait que ces ressorts politiques sont différents, c'est que, dans la République, celui qui fait exécuter les lois sent qu'il y sera soumis lui-même, et qu'il en sentira le poids. Il faut donc qu'il aime sa patrie et l'égalité des citoyens, pour être porté à faire exécuter les lois ; et, sans cela, les lois ne seront pas exécutées. Il n'en est pas de même de la Monarchie. Afin que les lois s'exécutent, il suffit que le Monarque veuille les faire exécuter. Voilà des principes d'une fécondité si grande qu'ils forment presque tout mon livre. Si, dans le commencement, des personnes qui ne les avoient pas encore entendus, ont fait quelque objection, elles se sont bientôt rendues, et mes principes sont à présent entendus, connus et reçus partout. Mais, pour achever d'enlever tout scrupule jusqu'aux racines, j'ajouterai cette explication à mon premier *Eclaircissement*.

2° Pour ôter toute idée que même la vertu politique de la République soit exclue de la Monarchie, j'ai ajouté au chapitre V, dont le titre forme le commencement de la proposition extraite, et qui est ainsi : *La Vertu n'est point le Principe du Gouvernement monarchique ;* j'ajouterai à la fin du chapitre, après ces mots : *tant il est vrai que la Vertu n'est point le principe de ce gouvernement* (le monarchique), j'ajouterai, dis-je : « certainement elle n'en est point exclue, mais elle n'en est pas le ressort ».

3° Pour expliquer ces mots : *l'Honneur, c'est-à-dire le préjugé de chaque personne et de chaque condition, prend la place de la Vertu et la représente partout,* j'ai mis ainsi : « L'Honneur, c'est-à-dire le préjugé de chaque personne et de chaque condition, prend la place de la Vertu politique dont j'ai parlé, et la représente partout. »

4° Pour ôter toute ambiguïté, après ces mots : *Ainsi, dans les monarchies bien réglées, tout le monde sera à peu près bon citoyen, et l'on trouvera rarement quelqu'un qui soit homme de bien : car, pour être homme de bien, il faut avoir intention de l'être ;* j'ai ajouté tout de suite : « et aimer l'Etat, moins pour soi que pour lui-même ». Cette augmentation enlève toute difficulté, parce qu'elle fait voir que l'homme de bien dont il est ici question n'est pas l'homme de bien chrétien, mais l'homme de bien politique, qui a la Vertu politique dont j'ai parlé. Il s'en faut bien que l'homme de bien dont il s'agit ici soit l'homme de bien chrétien, comme je viens de le dire : c'est l'homme de bien politique, qui aime les lois et sa patrie, et qui agit par l'amour des lois et de sa patrie. Ceci a été discuté et examiné dans tous les pays : car, dans tous les pays, soit catholiques, soit protestants, on veut de la morale. Or, cela ne fait plus la moindre équivoque depuis que je me suis expliqué, et depuis qu'on a examiné mon livre avec attention.

De dire que je n'ai qu'à ôter le mot de *vertu* (il faudroit le changer dans deux cents endroits du livre), c'est dire que, quand je donne la signification d'un terme, je ne la donne pas. J'ai eu des idées nouvelles, il a bien fallu trouver de nouveaux mots, ou donner aux anciens de nouvelles acceptions ; mais j'ai défini mes mots.

Mais je ne puis m'empêcher de jeter un grand cri. La Faculté a fait à l'auteur une cruelle injure. Ce sont ces paroles terribles : *in odium Monarchiæ*, etc. Elle auroit dû être portée à croire que mon esprit s'étoit trompé et non pas à lire dans mon cœur que j'avois de la haine. Il faut me supposer autant de christianisme pour pardonner ce procédé, qu'elle me suppose de méchanceté pour y avoir donné lieu. L'Inquisition même ne feroit pas de suppositions pareilles. Jamais citoyen n'a reçu dans sa patrie une si cruelle injure, et, ce qui me console, jamais citoyen ne l'a si peu méritée. Je le répéterai ici : « Platon remercioit le Ciel de ce qu'il étoit né du temps de Socrate, et, moi, je lui rends grâce de ce qu'il m'a fait naître dans le gouvernement où je vis, et de ce qu'il a voulu que j'obéisse à ceux qu'il m'a fait aimer. » Toute l'Europe a lu mon livre, et tout le monde est convenu qu'on ne pouvoit découvrir si j'étois plus porté pour le gouvernement républicain ou pour le gouvernement monarchique. Et, effectivement, il y auroit eu de la petitesse d'esprit à choisir, parce qu'en effet ces deux gouvernements sont très bons, et que le meilleur des deux est celui dont on jouit. Mais, que la Faculté me suppose gratuitement de la haine pour le gouvernement monarchique, elle agréera que, dans ce cas-ci, je ne la prenne point pour mon juge ; elle agréera que je regarde sa décision comme très abusive, que j'en appelle au public, et (ce qui n'est pas moins fort) pour moi à moi-même.

XIIe PROPOSITION

« L'Honneur a ses règles suprêmes, et l'éducation (dans les monarchies) est obligée de s'y conformer. Les principales sont qu'il nous est bien permis de faire cas de notre fortune ; mais qu'il nous est souverainement défendu d'en faire aucun de notre vie. »

RÉPONSE ET EXPLICATION

Il n'est point question ici du droit : c'est un fait ; c'est ce qui est, et non pas ce qui doit être. Mais pour prévenir toute objection, j'ai mis cette note sur le mot *Honneur* : « On dit ici ce qui est, et non pas ce qui doit être. L'Honneur est un préjugé que la Religion travaille tantôt à détruire, tantôt à régler. »

1.1.3. Le point de vue de Diderot.

◆ *Entretiens avec Catherine II* (1773) : VII, De la morale des rois.

> Méfiez-vous de cet homme-là[2]. J'allais presque dire à Votre Majesté Impériale ce que son père disait à l'impératrice-reine qui sollicitait sa grâce : « ... Vous le croyez donc bien méchant ? » Je lui crois la morale des rois dans toute son atrocité.

Il n'y a qu'une seule vertu, la justice ; un seul devoir, de se rendre heureux ; un seul corollaire, mépriser quelquefois la vie.

La justice renferme tout ce qu'on se doit à soi-même et tout ce qu'on doit aux autres, à sa patrie, à sa ville, à sa famille, à ses parents, à sa maîtresse, à ses amis, à l'homme et peut-être à l'animal. Le conte arabe qui met en paradis un des pieds du khalife et le reste du khalife en enfer ne me déplaît pas. Ce pied prédestiné et sauvé était celui dont il avait approché l'abreuvoir du chameau qui avait soif et qui n'y pouvait atteindre.

Je doute que la justice des rois, et par conséquent leur morale, puisse être la même que celle des particuliers, parce que la morale d'un particulier dépend de lui et que la morale d'un souverain dépend souvent d'un autre.

Que m'importe, à moi particulier, que mon voisin acquière de droite et de gauche toute la file des maisons adjacentes à la mienne ! Il a beau devenir puissant, ni lui, ni ses enfants, ni ses petits-enfants ne troubleront ma possession.

Il y a un tribunal supérieur à l'homme faible et à l'homme fort, et ce tribunal s'interpose entre l'oppresseur et l'opprimé. Est-ce là l'état des souverains ? Aucunement. Un souverain peut-il raisonner comme moi ? Pas davantage.

S'il n'a rien à redouter, pour le moment, d'un autre

---

2. *Cet homme-là* : Frédéric II de Prusse ; l' « impératrice-reine » : Marie-Thérèse d'Autriche.

souverain dont la puissance s'accroît, qui sait comment les descendants de celui-ci en useront avec les siens ? Faut-il exposer son fils à coucher dans la rue ? Je ne le pense pas. Que faire donc ? Imiter le chien qui portait le dîner de son maître. Un particulier qui se mêle des affaires d'un particulier est un brouillon. Un souverain qui se mêle des affaires d'un autre souverain est souvent un homme sage. La morale (la nôtre) est fondée sur la loi. Il y a deux lois et deux grands procureurs généraux : la nature et l'homme public. La nature punit assez généralement toutes les fautes qui échappent à la loi des hommes.

On ne donne impunément dans aucun excès. Vous faites un usage immodéré du vin et des femmes ? Vous aurez la goutte, vous deviendrez phtisique. Vos jours seront tristes et courts.

Vous commettez un vol, un assassinat ? Il y a des cachots. Supprimez la loi civile dans une capitale, pour un an seulement. Les indigents se jetteront sur les riches. Ceux-ci s'armeront pour la défense de leurs propriétés. Le sang ruissellera dans les rues. La ville vous offrira l'image effrayante de ce qui se passe et qui doit se passer dans le monde. Elle se partagera en petits cantons ennemis qui auront leurs chefs. Il y aura des guerres, des trêves, des paix ; tout se conduira par la crainte, l'ambition et l'intérêt. C'est une condition fâcheuse, mais nécessaire, entre des êtres qui n'ont aucun tribunal où ils puissent être jugés. Ils sont, ainsi que le tigre et le loup, en l'état de nature.

« Mais l'homme vivant en société, instruit, policé, religieux, parlant vice et vertu du matin au soir, semblable au tigre et au loup de la forêt ? » Cela est triste, mais vrai. Cependant, ne dites pas l'homme, mais les souverains.

Je ne saurais blâmer dans un souverain ce que je ferais si j'étais souverain. Celui qui m'accusera d'être méchant aura tort. Je ne le suis pas.

Je vois seulement qu'il est impossible que la justice, et par conséquent la morale de l'homme public et de l'homme privé, soit la même, et que ce droit des gens dont on parle tant n'a jamais été et ne sera jamais qu'une chimère ; le cri du faible, cri que celui-ci arracherait de son voisin s'il était le plus fort, un des plus beaux lieux communs de la philosophie, jusqu'à ce qu'il plaise à la divinité de tenir ses grandes assises au haut des airs et de constituer un tribunal au-dessus de la tête des souverains, comme il en est un de constitué par les souverains au-dessus de la tête de leurs sujets ; ce dont elle ne s'est pas encore avisée, quoique cet acte de providence ne soit pas fort.

« Mais vous désapprouvez donc la conduite de Dieu ? » Beaucoup, et cela parce que Votre Majesté ne s'endormirait pas aussi tranquillement si elle en usait aussi négligemment avec ses sujets.

« Mais qui vous a dit que Dieu devait être un souverain comme vous l'imaginez ? » Le sens commun ; car s'il y a deux notions de souveraineté et de bienfaisance, l'une pour lui et l'autre pour moi, il y aura deux notions de vice et de vertu, deux notions de justice, deux morales, une morale céleste et une morale terrestre. Sa morale ne sera plus la mienne, et j'ignorerai ce qu'il faut que je fasse pour conformer mes actions à ses principes et pour lui plaire.

Jupiter me paraît bien plaisant quelquefois ; il entend du bruit sur la terre, il s'éveille, il ouvre sa trappe, il dit : « La grêle en Scythie, la peste en Asie, la guerre en Allemagne, la disette en Pologne, un volcan en Portugal, une révolte en Espagne, la misère en France. » Cela dit, il referme sa trappe, remet la tête sur son oreiller, se rendort ; et voilà ce qu'il appelle gouverner le monde.

Sa Majesté Impériale voudrait-elle gouverner ainsi son empire, et si elle s'en avisait, lui rendrait-on dans toute l'Europe les hommages qu'on lui rend ?

« Mais vous approuvez donc les rois sans foi, sans morale et sans humanité, qui lâchent les nations irritées les unes sur les autres et entr'assassinent les hommes par la main des hommes ? » Non, mais l'étude du cœur humain et l'expérience de tous les siècles me prouvent qu'ils sont ce qu'ils doivent être, parce qu'il n'en faut qu'un méchant pour forcer la main à tous les bons. Pourquoi Sa Majesté Impériale a-t-elle eu la guerre en Pologne ? Pourquoi l'a-t-elle avec les Turcs ? Quand elle est entrée en Pologne, son projet était-il de la démembrer ? N'aurait-il pas été plus avantageux pour elle d'imiter les voisins de la France à la révocation de l'édit de Nantes, et d'appeler dans ses Etats tous les dissidents ? C'est qu'un roi juste ne fait rien de ce qu'il veut.

« Vous faites donc peu de cas des leçons que la philosophie leur adresse ? » Peut-être, pour le moment, moins que des prières des dévots. Le philosophe dit aux rois : « Soyez justes », et le roi lui répond : « Mon voisin ne le veut pas. » Le dévot dit à Dieu : « Seigneur, parlez au cœur des rois ! » Le conseil est fort bon, c'est dommage qu'il ne soit pas suivi. Si j'avais quelque chose à demander au ciel contre un souverain oppresseur des peuples, je lui dirais : « Rends-le plaisant ; mais que, en nous écrasant, il se moque encore de nous. L'homme peut supporter le mal, mais il ne saurait supporter le mal et le mépris. Tôt ou tard une ironie amère est répliquée par un coup de poignard, et par un coup de poignard qui tue, car on sait que celui qui blesse ne part que de la main d'un sot et ne produit aucun effet. »

Mais si le philosophe parle en vain pour le moment, il écrit et pense utilement pour l'avenir.

Je m'arrêterai pour faire une réflexion : Quelle différence entre la pensée d'un homme dans son pays et la pensée d'un homme à neuf cents lieues de sa cour ! Aucune des choses que j'ai écrites à Pétersbourg ne me serait venue à Paris. Combien la crainte retient le cœur et la tête ! Quel singulier effet de la liberté et de la sécurité !

Le philosophe attend le cinquantième bon roi qui profitera de ses travaux. En attendant, il éclaire les hommes sur leurs droits inaliénables. Il tempère le fanatisme religieux. Il dit aux peuples qu'ils sont les plus forts et que, s'ils vont à la boucherie, c'est qu'ils s'y laissent mener. Il prépare aux révolutions, qui surviennent toujours à l'extrémité du malheur, des suites qui compensent le sang répandu.

Les hommes, las d'être mal, ont quelquefois assommé avec leurs chaînes le maître cruel qui a trop abusé de son autorité et de leur patience, mais il n'en est résulté aucun bien ni pour eux ni pour leurs descendants, parce qu'ils ignorent ce que le philosophe prétend leur apprendre d'avance, ce qu'ils ont à faire pour être mieux.

Il n'y a qu'un devoir, c'est d'être heureux. Puisque ma pente naturelle, invincible, inaliénable, est d'être heureux, c'est la source et la source unique de mes vrais devoirs, et la seule base de toute bonne législation.

La loi qui prescrit à l'homme une chose contraire à son bonheur est une fausse loi, et il est impossible qu'elle dure. Cependant il faut s'y conformer aussi longtemps qu'elle dure.

La vertu se définit pour le législateur : la conformité habituelle des actions à la notion de l'utilité publique ; peut-être la même définition convient-elle au philosophe, qui est censé avoir assez de lumières pour bien connaître ce que c'est que l'utilité publique.

Pour la masse générale des sujets, la vertu est l'habitude de conformer ses actions à la loi, bonne ou mauvaise. Socrate disait : « Je ne me conformerai pas à cette loi, parce qu'elle est mauvaise. » Aristippe répondait à Socrate : « Je sais aussi bien que toi que cette loi est mauvaise ; cependant je m'y conformerai, parce que, si le sage foule aux pieds une mauvaise loi, il autorise par son exemple tous les fous à fouler aux pieds les bonnes. » L'un parlait en souverain, l'autre en citoyen.

Mais on voit par là qu'il n'y a point de code dont la sagesse puisse être éternelle, et qu'il faut de temps en temps rappeler les lois à l'examen.

C'est un point important sur lequel Votre Majesté fera peut-être statuer la commission. Ce sera le dernier.

Il faut rappeler les lois à l'examen, parce qu'il y a deux sortes de bonheur.

Un bonheur constant qui tient à la liberté, à la sûreté des propriétés, à la nature de l'impôt, sa répartition, sa perception, et qui distingue les lois éternelles.

Un bonheur accidentel, variable et momentané, qui demande une loi momentanée ; un état de choses qui passe. Ce bonheur, cet état de choses passe ; la durée de la loi deviendrait funeste : il faut la révoquer.

Mais à quoi servent des lois qui sont ignorées de ceux qui ont à les observer ? Votre Majesté s'est proposé deux choses dignes de sa grande sagesse :

L'une, la confection d'un petit catéchisme de morale ; L'autre, l'association de ce petit code au catéchisme sacerdotal.

Le prêtre, en instruisant l'enfant des principes religieux, l'instruira en même temps de ses devoirs civils. Les devoirs civils deviendront, avec le temps, à vos sujets, aussi familiers, plus évidents et aussi sacrés que les devoirs religieux.

C'est une vue très simple, très profonde et très sûre.

Mais aucune idée ne nous affecte plus fortement que celle de notre bonheur. Je désirerais donc que la notion du bonheur fût la base fondamentale du catéchisme civil. Que fait le prêtre dans sa leçon ? Il rapporte tout au bonheur à venir.

Que doit faire le souverain dans la sienne ? Tout rapporter au bonheur présent.

Ce principe de bonheur, considéré comme la source de nos devoirs, est si fécond, qu'il s'étend jusqu'à nos moindres actions, jusqu'à la nécessité de laver ses mains et de rogner ses ongles.

Et puis, il y a trois sortes particulières de lois : la loi de nature, la loi civile et la loi religieuse.

La première doit être le type des deux autres, sans quoi elles se contredisent, et plus de mœurs.

On les sacrifie alternativement l'une à l'autre, et l'on

apprend à les mépriser toutes. C'est alors qu'il n'y a plus ni hommes, ni citoyens, ni religieux.

Au reste, ce petit code de morale est presque fait. Il s'imprime actuellement chez Rey, à Amsterdam. L'auteur, qui est un de mes amis, le retoucherait volontiers d'après les vues de Votre Majesté; lorsqu'il l'aurait retouché, j'y ajouterais mes observations; quelques gens de bien ne refuseraient pas d'y mettre la main, et le tout serait envoyé à Votre Majesté pour en obtenir la dernière perfection.

Elle n'a qu'à ordonner. Je préviens seulement Sa Majesté Impériale que les ouvrages élémentaires ne peuvent être bien faits que par un homme consommé; et voilà la raison pour laquelle les bons ouvrages classiques sont si rares. Les grands hommes dédaignent de s'en occuper, parce qu'ils préfèrent leur gloire particulière à l'utilité générale. Ils aiment mieux faire du bruit que du profit. De *l'hommerie*, Madame! de *l'hommerie*, c'en est bien là. Vous avez inventé un mot bien indulgent et bien juste.

◆ *Discours d'un philosophe à un roi* (1774).

Sire, si vous voulez des prêtres, vous ne voulez point de philosophes, et si vous voulez des philosophes, vous ne voulez point de prêtres; car les uns étant par état les amis de la raison et les promoteurs de la science, et les autres les ennemis de la raison et les fauteurs de l'ignorance, si les premiers font le bien, les seconds font le mal; et vous ne voulez pas en même temps le bien et le mal. Vous avez, me dites-vous, des philosophes et des prêtres : des philosophes qui sont pauvres et peu redoutables, des prêtres très riches et très dangereux. Vous ne vous souciez pas trop d'enrichir vos philosophes, parce que la richesse nuit à la philosophie, mais votre dessein serait de les garder; et vous désireriez fort d'appauvrir vos prêtres et de vous en débarrasser. Vous vous en débarrasserez sûrement et avec eux de tous mensonges dont ils infectent votre nation, en les appauvrissant; car appauvris, bientôt ils seront avilis, et qui est-ce qui voudra entrer dans un état où il n'y aura ni honneur à acquérir ni fortune à faire? Mais comment les appauvrirez-vous? Je vais vous le dire. Vous vous garderez bien d'attaquer leurs privilèges et de chercher d'abord à les réduire à la condition générale de vos citoyens. Cela serait injuste et maladroit; injuste, parce que leurs privilèges leur appartiennent comme votre couronne à vous; parce qu'ils les possèdent, et que si vous remuez les titres de leur possession, on remuera les titres de la vôtre; parce que vous n'avez rien de mieux à faire que de respecter la loi de prescription qui vous est au moins aussi favorable qu'à eux; parce que ce sont des dons de vos ancêtres et des ancêtres de vos sujets, et que rien n'est plus pur que le don; parce que vous n'avez été admis au trône qu'à la condition de laisser à chaque état sa prérogative; parce que, si vous manquez à votre serment envers un des corps de votre royaume, pourquoi ne vous parjureriez-vous pas envers les autres? parce que vous les alarmeriez tous alors; qu'il n'y aurait plus rien de fixe autour de vous; que vous ébranleriez les fondements de la propriété, sans laquelle il n'y a plus ni roi ni sujets; il n'y a qu'un tyran et des esclaves; et c'est en cela que vous serez encore maladroit. Que ferez-vous donc? vous laisserez les choses dans l'état où elles sont. Votre orgueilleux clergé aime mieux vous accorder des dons gratuits que de vous payer l'impôt; demandez-lui des dons gratuits. Votre clergé célibataire, qui se soucie fort peu de ses successeurs, ne voudra pas payer de sa bourse, mais il empruntera de vos sujets; tant mieux; laissez-le emprunter; aidez-le à contracter une dette énorme avec le reste de la nation; alors faites une chose juste; contraignez-le à payer. Il ne pourra payer qu'en aliénant une partie de ses fonds; ces fonds ont beau être sacrés, soyez très sûr que vos sujets ne se feront aucun scrupule de les prendre lorsqu'ils se trouveront dans la nécessité, ou de les accepter en payement ou de se ruiner en perdant leur créance. C'est ainsi que, de dons gratuits en dons gratuits, vous leur ferez contracter une seconde dette, une troisième, une quatrième, à l'acquittement de laquelle vous les contraindrez jusqu'à ce qu'ils soient réduits à un état de médiocrité ou d'indigence qui les rende aussi vils qu'ils sont inutiles. Il ne tiendra qu'à vous et à vos successeurs qu'on les voie un jour déguenillés sous les portiques de leurs somptueux édifices, offrant aux peuples leurs prières et leurs sacrifices au rabais. Mais, me direz-vous, je n'aurai plus de religion. Vous vous trompez, sire, vous en aurez toujours une; car la religion est une plante rampante et vivace qui ne périt jamais; elle ne fait que changer de forme. Celle qui résultera de la pauvreté et de l'avilissement de ses membres sera la moins incommode, la moins triste, la plus tranquille et la plus innocente. Faites contre la superstition régnante ce que Constantin fit contre le paganisme: il ruina les prêtres païens, et bientôt on ne vit plus au fond de ses temples magnifiques qu'une vieille avec une oie fatidique disant la bonne aventure à la plus basse populace; à la porte, que

des misérables se prêtant au vice et aux intrigues amou-
reuses ; un père serait mort de honte s'il avait souffert que
son enfant se fît prêtre. Et si vous daignez m'écouter,
je serai de tous les philosophes le plus dangereux pour
les prêtres, car le plus dangereux des philosophes est
celui qui met sous les yeux du monarque l'état des sommes
immenses que ces orgueilleux et inutiles fainéants coûtent
à ses Etats ; celui qui lui dit, comme je vous le dis, que
vous avez cent cinquante mille hommes à qui, vous et
vos sujets, payez à peu près cent cinquante mille écus
par jour pour brailler dans un édifice et nous assourdir
de leurs cloches ; qui lui dit que cent fois l'année, à une
certaine heure marquée, ces hommes-là parlent à dix-
huit millions de vos sujets rassemblés et disposés à croire
et à faire tout ce qu'ils leur enjoindront de la part de
Dieu ; qui lui dit qu'un roi n'est rien, mais rien du tout,
où quelqu'un peut commander dans son empire au nom
d'un être reconnu pour le maître du roi ; qui lui dit que
ces créateurs de fêtes ferment les boutiques de sa nation
tous les jours où ils ouvrent la leur, c'est-à-dire un tiers
de l'année ; qui lui dit que ce sont des couteaux à deux
tranchants se déposant alternativement, selon leurs intérêts, ou entre les mains du roi pour couper le peuple, ou
entre les mains du peuple pour couper le roi ; qui lui dit
que, s'il savait s'y prendre, il lui serait plus facile de
décrier tout son clergé qu'une manufacturè de bons draps,
parce que le drap est utile et qu'on se passe plus aisément de messes et de sermons que de souliers ; qui ôte
à ces saints personnages leur caractère prétendu sacré,
comme je fais à présent, et qui vous apprend à les dévorer
sans scrupule lorsque vous serez pressé par la faim ; qui
vous conseille, en attendant les grands coups, de vous
jeter sur la multitude de ces riches bénéfices à mesure
qu'ils viendront à vaquer, et de n'y nommer que ceux qui
voudront bien les accepter pour le tiers de leur revenu,
vous réservant, à vous et aux besoins urgents de votre
Etat, les deux autres tiers pour cinq ans, pour dix ans,
pour toujours, comme c'est votre usage ; qui vous remontre
que, si vous avez pu rendre sans conséquence fâcheuse
vos magistrats amovibles, il y a bien moins d'inconvénient
à rendre vos prêtres amovibles ; que tant que vous croirez
en avoir besoin, il faut que vous les stipendiiez, parce
qu'un prêtre stipendié n'est qu'un homme pusillanime qui
craint d'être chassé et ruiné ; qui vous montre que l'homme
qui tient sa subsistance de vos bienfaits n'a plus de courage et n'ose rien de grand et de hardi, témoin ceux qui
composent vos académies et à qui la crainte de perdre

leur place et leur pension en impose au point qu'on les ignorerait, sans les ouvrages qui les ont précédemment illustrés. Puisque vous avez le secret de faire taire le philosophe, que ne l'employez-vous pour imposer silence au prêtre ? L'un est bien d'une autre importance que l'autre.

1.1.4. Marat : la critique du régime anglais.

◆ Vénalité et corruption.

L'argent, seul, ouvre les portes du Sénat, où tant d'imbéciles et de fripons entrent en foule, et ne laissent plus de place aux hommes de mérite, scandale affreux mais si commun que l'on ne prend plus la peine de le voiler. *Je vous ai achetés,* disait un député à ses commettants, *soyez-en sûrs, je vous vendrai à mon tour.*

Dans un moment d'effervescence patriotique, on fit bien une loi pour annuler là nomination des membres des Communes qui auraient acheté des suffrages, ou qui auraient simplement fêté des électeurs. De quoi a-t-il servi ? Nos élections n'en offrent pas moins des scènes affreuses de crapule et de vénalité. Au lieu d'y voir les électeurs empressés à se déclarer pour le mérite de candidats modestes, on y voit des troupes nombreuses de votants se gorger sans pudeur à des tables prostituées, et une troupe rampante d'aspirants prodiguer bassesses sur bassesses à des hommes qu'ils ne regardent pas l'instant après en avoir extorqué le suffrage. (*Les Chaînes de l'esclavage.*)

◆ Le paupérisme.

Objectera-t-on qu'il y a des établissements pour les pauvres ! Mais quelle plume assez éloquente pourrait faire l'horrible tableau d'un dépôt de mendiants, ou plutôt quel homme assez barbare pourrait, sans frémir, y jeter un coup d'œil ? Séjours de désolation où le malheureux, nourri d'aliments malsains et dégoûtants, couche dans l'ordure, respire un air infect, gémit sous le fouet d'un gardien féroce, et où tous les maux qui affligent l'humanité viennent l'assaillir à la fois. De ceux qui y sont renfermés, combien succombent sous le poids de leurs souffrances ! et combien, plutôt que d'y chercher un asile, préfèrent de mourir de faim à la porte de l'opulent.

Sans ressource contre la faim, le pauvre n'en a presque aucune contre les maladies. Qui ignore que parmi nous il faut des lettres de recommandation pour aller à l'hôpital ? Ainsi, tandis que la porte en est ouverte aux protégés des riches, elle ne l'est presque jamais au malheureux qui manque de protecteurs.

Parmi les scènes d'horreur et d'oppression qu'offre si fréquemment notre gouvernement si vanté, j'en rapporterai une encore. Tout malheureux prévenu, que le juré acquitte honorablement, est reconduit en prison, où il est détenu par son impitoyable geôlier jusqu'à ce qu'il ait payé les frais de détention, toujours exposé aux plus indignes traitements, et souvent réduit à maudire son existence.

Instruit de ces atrocités, un membre du parlement a proposé plusieurs fois d'examiner le régime des prisons, et toujours sans succès : ses vertueux confrères, peu touchés des maux qu'ils ne craignent point de partager, voient avec indifférence ces abus criants et ne daignent pas les réformer. Où sont les amis du pauvre dans un sénat composé d'hommes riches ! Où sont ceux qui connaissent la misère dans laquelle il languit, les outrages qu'il essuie, les tourments qu'il endure ! Et s'ils les connaissent, où sont ceux qui s'empressent de venir à son secours ! Mais ils ne s'oublient pas, eux. Disons-le avec indignation : tandis qu'ils laissent sans pitié leurs malheureux concitoyens gémir sous le poids de la plus cruelle oppression, et que le peuple affamé leur demande du pain, ils n'ont pas honte d'employer le temps à renouveler les *lois qui leur assurent le droit de chasse, et à en faire de nouvelles qui leur assurent la propriété de leurs chiens.*

Je le répète : tant que le législateur n'est tiré que d'une classe de citoyens, qu'on ne se flatte point de le voir travailler au bien commun. (*Ibid.*)

1.2. LE DESPOTISME

1.2.1. Diderot, *Pages contre un tyran* (1771).

L'auteur de l'*Essai* s'est représenté le monde tel qu'il est ; plein de menteurs, de fripons, d'oppresseurs en tout genre. Des rois despotes et méchants, il y en a dans ce monde, a-t-il dit qu'il n'y en eût point ? des ministres violents, dissipateurs, avides, il y en a dans ce monde, a-t-il dit qu'il n'y en eût point ? des magistrats corrompus, il y en a dans ce monde, a-t-il dit qu'il n'y en eût point ? des prêtres fourbes, insensés, fanatiques, il y en a dans ce monde, a-t-il dit qu'il n'y en eût point ? des hommes aveuglés par toutes sortes de passions, des pères durs et négligents, des enfants ingrats, des époux perfides, il y en a dans ce monde, a-t-il dit qu'il n'y en eût point ? il n'a donc pas fait un monde idéal. Mais il a prétendu et prétend encore que l'homme aime la vérité. En tout genre l'homme aime la vérité, parce que la vérité est une vertu ; l'homme cherche sans cesse la vérité; c'est le but de toutes ses études, de tous ses soins, de tous ses travaux; il déteste l'erreur, parce qu'il sait bien qu'en quoi que ce soit, il ne saurait se tromper sans se nuire à lui-même; son vrai bonheur est fondé sur la vérité. Depuis la plus haute des conditions jusqu'à la dernière, on s'occupe de la recherche de la vérité absolue ou de la vérité hypothétique. Les erreurs passent, mais il n'y a que le vrai qui reste. L'homme est donc fait pour la vérité; la vérité est donc faite pour l'homme puisqu'il court sans cesse après elle; qu'il l'embrasse quand il la trouve; qu'il ne veut ni ne peut s'en séparer quand il la trouve. Il ne faut pas juger les hommes par leurs actions. Tous peuvent dire comme Médée : *video meliora proboque, deteriora sequor*[3].

Si le monde est plein d'erreurs, c'est qu'il est plein de scélérats prédicateurs du mensonge; mais en prêchant le mensonge ils font à leurs dupes l'éloge de la vérité, mais leurs dupes n'embrassent le mensonge qui leur est prêché que sous le nom de la vérité; il y a tant d'ennemis du vrai, du bon, du bien; tant de fausses lois; tant de mauvais gouvernements; tant de mauvaises mœurs; tant d'hommes qui trouvent leur intérêt dans le mal.

Tout mensonge attaqué est détruit et détruit sans ressource : toute vérité prouvée l'est à jamais.

Si la terre est couverte d'erreurs, c'est moins la faute de l'homme que des choses. C'est qu'en toute chose la vérité est une et que les erreurs sont infinies. C'est qu'il y a dix mille moyens de se tromper et qu'il n'y a qu'un moyen d'être vrai.

Si la vérité n'est pas faite pour l'homme, pourquoi ce critique de l'*Essai sur les préjugés* a-t-il écrit? pourquoi est-il surpris de trouver l'auteur de l'*Essai* plein d'erreurs? pourquoi le traite-t-il avec tant de mépris et de colère? pourquoi un homme qui fait si grand cas de son temps, le perd-il à tracer des lignes qui ne serviront de rien? Le plus inconséquent des hommes est celui qui dit que la vérité n'est pas faite pour l'homme, et qui prend la plume en faveur de la vérité. Le plus absurde des hommes est celui qui écrit des vérités et qui écrit que l'homme est fait pour l'erreur.

La vérité se dérobe sans cesse aux recherches les plus pénibles de l'homme. Mais excepté la longitude et la quadrature, quelle est la vérité que ces recherches continues ne puissent découvrir?

La force de la vérité arrache cet aveu à l'auteur; il est

---

3. Ovide, *Métamorphoses*, VII, 20.

donc sous l'empire même tyrannique de la vérité; il est un de ses esclaves.

S'il prend la fatigue et la peine avec laquelle nous obtenons les choses pour preuve qu'elles ne sont pas faites pour nous, la vertu n'est pas faite pour nous, le bonheur n'est pas fait pour nous, la probité n'est pas faite pour nous; car l'œuvre du bonheur ne s'accomplit pas sans peine; la vertu est presque toujours un sacrifice pénible de soi; la probité demande de la force, du courage, une vue bien claire, bien nette de ses propres intérêts bien entendus, l'oubli du moment, dont la récompense incertaine n'est que dans l'avenir.

Lorsque cet homme dit que la vérité n'est pas faite pour l'homme, que l'erreur est son partage, il va bien plus loin qu'il ne croit. C'est un enfant qui balbutie.

Il s'épuise en lieux communs sur la multitude des erreurs qui entraînent le monde; et il ne voit pas le tableau des vérités qu'on lui pourrait opposer.

Si un prédicateur montait en chaire et qu'il débutât par ces mots : « Hommes, vous n'êtes pas faits pour la vérité, la vérité n'est pas faite pour vous », ne faudrait-il pas lui tourner le dos et le laisser prêcher tout seul? Si quelqu'un de son auditoire se levait et lui disait : « Que fais-tu donc là, effréné bavard? ce que tu vas dire est vrai ou faux : s'il est faux, tais-toi; il y a déjà assez de faussetés sans les tiennes : s'il est vrai, cela n'est fait ni pour toi ni pour nous.

Si la vérité nous est antipathique, inaccessible, inutile, pourquoi ne sommes-nous pas aussi barbares que nos premiers aïeux?

Pourquoi les efforts successifs de l'esprit humain ont-ils eu quelques succès? Pourquoi l'esprit humain a-t-il fait des efforts? Quelle est la vérité utile à l'homme qui ne soit pas découverte un jour?

Si cette vérité se trouve jamais dans la tête d'un roi sage, que ne produira-t-elle point?

Hé bien, sublime raisonneur, la société ne peut donc subsister sans la vertu? et la vertu, qui n'est que le vrai dans les mœurs, peut-elle être sans la vérité? la société ne peut donc être sans la vérité. Ces vérités sont communes sans doute. Mais quelle espèce d'homme est celui qui les traite comme telles et qui les ignore?

Quand on se met sur la ligne des réfutateurs, il faut commencer par avoir de la bonne foi. L'auteur a prétendu sans doute qu'il était inutile de dire à un homme qu'on avait trouvé sa femme, qu'il croit sage, entre les bras de son ami, qu'il croit honnête; que fait cette vérité au bonheur de l'espèce humaine ? or il est évident que l'auteur ne parle que de ces dernières, et il est convaincu qu'il est d'un philosophe, d'un homme de bien, d'un ami de ses semblables, de les annoncer sans ménagement ; et les raisons qu'il en donne ou qu'il en peut donner, c'est que le mensonge ne peut avoir que des suites fâcheuses en corrompant le jugement et la conduite ; c'est que le mensonge est à l'origine de toutes nos calamités ; c'est que le bien qu'il produit est passager et faible et que les suites en sont longues et toujours funestes ; c'est qu'il n'y a aucun exemple que la vérité ait été nuisible ni pour le présent ni pour l'avenir. Ses progrès sont trop lents, et le bien est toujours à l'extrémité de ses conséquences. Cet homme-ci ne sait pas encore assez bien notre langue, il fera peut-être des vers médiocres, mais la philosophie demande plus de précision. Le paradoxe n'est point une opinion contraire à une vérité d'expérience, car le paradoxe serait toujours faux : or il arrive assez souvent que c'est une vérité. Le paradoxe n'est donc qu'une proposition contraire à l'opinion commune ; or l'opinion commune pouvant être fausse, le paradoxe peut être vrai. Quand on est pointilleux, il faut au moins montrer de la justesse. C'est un avis que l'auteur nous permettra de donner à ceux qui ont l'humilité de s'abaisser au métier de critiques.

Je ne sais si l'auteur a dit bien positivement que son projet était de renverser la superstition dominante de son pays ; mais voici un fait très positif, c'est que grâce à ses efforts et aux efforts de ses semblables, l'empire du fanatisme est très affaibli, et que le fougueux Aubri[4] n'ameuterait pas aujourd'hui quatre bonnes femmes contre son souverain. C'est qu'un roi de France peut laisser à son clergé la prérogative royale de haranguer le peuple, *concio ad populum*. C'est qu'il peut, sans trembler, se dire le dimanche matin, entre dix et onze : « Il y a à l'heure qu'il est, cinquante mille fripons qui disent ce qu'il leur plaît à dix-huit millions d'imbéciles ; mais grâces à ma petite poignée de philosophes, la plupart de ces imbéciles-là ou ne croiront pas ce qu'on leur dira, ou s'ils le croient ce sera sans le moindre péril pour moi. »

L'intolérant est un homme odieux. Il s'agit bien d'amener les hommes à une manière uniforme de penser en matière de religion ; il s'agit de séparer l'idée de probité de l'idée

---

4. Curé de Saint-André-des-Arcs, ligueur fanatique, complice de Barrière dans son projet d'assassiner Henri II, il dut se réfugier à Rome et fut écartelé en effigie par arrêt du parlement le 25 janvier 1595.

de l'existence de Dieu ; il s'agit de persuader que quel que soit le culte que l'on rende à Dieu, il est compatible avec la vertu morale ; que comme il y a nombre de fripons qui vont à la messe, il y a nombre d'honnêtes gens qui n'y vont pas. Et que les hommes pensent de Dieu ce qu'ils voudront, pourvu qu'ils laissent en paix ceux qui en pensent autrement qu'eux.

D'après l'aversion que le critique montre pour celui qui prend la liberté de donner quelque leçon au ministère, il m'a bien l'air de n'être pas du nombre de ceux qui souffrent de l'abus de l'autorité. S'il y faisait un peu d'attention, et c'est une condition qu'on peut exiger de tout homme qui prétend au métier de penseur, il sentirait que c'est presque inutilement qu'on éclaire les conditions subalternes, si le bandeau reste sur les yeux de ces dix ou douze individus privilégiés qui disposent du bonheur de la terre. Voilà ceux surtout qu'il importe de convertir. Tant que ces individus seront aveugles et méchants, il n'y aura point de vertus solides ni de mœurs. Les mœurs bonnes ou mauvaises consistent dans l'observation des lois ; les bonnes mœurs dans l'observation des bonnes lois ; les mauvaises mœurs dans l'observation des mauvaises lois. Partout il y a trois sortes de lois : la loi de nature, la loi civile et la loi religieuse. Si ces trois lois se contredisent, l'homme les foulera aux pieds selon les circonstances ; et n'étant constamment ni homme, ni citoyen, ni pieux, il ne sera rien. Or, à qui appartient-il de concilier ces trois règles de notre conduite, si ce n'est au chef de la société ? à qui donc le philosophe s'adressera-t-il fortement, si ce n'est au souverain ?

Il y a assurément des choses que le critique sait mieux que l'auteur qu'il réfute, par exemple il sait mieux que lui... mais nous nous arrêterons ici dans la crainte de nous engager dans une énumération capable d'embarrasser la modestie du critique et de faire quelque chose qui pourrait ressembler à la saillie d'une écolier étourdi. Mais nous pouvons l'assurer, quelque haute opinion que nous ayons de ses connaissances, qu'il pourrait être longtemps encore à l'école de l'auteur de l'*Essai*, et que peut-être il en aurait quelque besoin, surtout s'il avait un jour la fantaisie de faire le bien et de mériter une gloire qui soutînt le creuset de l'avenir. Mais quel est donc le lieu sauvage de la terre qu'habite le critique, pour nous conseiller de rabâcher encore sur les indulgences, les absolutions et les moines ? Nous regorgeons d'ouvrages sur ce point. La seule conversion qui reste à faire est celle du ministère. La plupart de nos ecclésiastiques éclairés sont sans préjugés. Nos moines rougissent de leurs habits ; et nous n'aurions non plus de Bénédictins que de Jésuites si l'on avait fait droit sur la requête des premiers, qui disaient de leur robe qu'elle était déshonorée, et qui demandaient à mains jointes de la jeter loin d'eux, quoique ces cénobites-ci soient les plus considérés par leurs lumières et leurs mœurs. Mon cher critique, vous vivez chez les Ulubres[5], tâchez de vivre chez les Ulubres et de ne pas vous mêler de ce que la philosophie aurait à faire parmi nous, ou venez faire un tour dans la rue Saint-Honoré. Qu'appelez-vous respecter la forme du gouvernement sous lequel il vit ? Entendez-vous qu'il faut se soumettre aux lois de la société dont on est membre ? il n'y a pas de difficulté à cela ; prétendez-vous que si ces lois sont mauvaises il faille garder le silence ? ce sera peut-être votre avis, mais comment le législateur reconnaîtra-t-il le vice de son administration, le défaut de ses lois, si personne n'ose élever la voix ? Et si par hasard une des détestables lois de cette société décernait la peine de mort contre celui qui osera attaquer les lois, faudrait-il se courber sous le joug de cette loi ? Hé, laissez-nous barbouiller du papier, barbouillez-en vous-même tant qu'il vous plaira ; et soyez sûr que nos lignes ne prennent quelqu'importance que quand le maître s'en mêle. S'il nous est échappé une vérité, tant mieux pour nous et pour la société ; si notre ouvrage n'est qu'un tissu d'erreurs, il tombe dans le mépris et l'oubli ; et il n'y a que ce ressentiment violent auquel vous avez l'humanité d'inviter le souverain, qui puisse faire surnager un moment l'auteur.

Vous accusez l'auteur de l'*Essai* d'en vouloir à son maître. Vous le connaissez donc cet auteur ? Vous le croyez donc français ? et s'il n'y avait pas un mot de vrai dans vos conjectures ? quand il s'agit de solliciter une récompense pour un homme qu'on croit avoir bien mérité de son pays, on peut n'y pas regarder de fort près. Mais en est-il de même lorsqu'on le dévoue à la vindicte publique ? Très sérieusement vous croyez que le roi de France ferait bien de déterrer l'auteur de l'*Essai,* de l'arracher de son trou et de l'étrangler ? Et pourquoi cela ? parce que, à votre avis, il a écrit un livre impertinent dont il n'est ou ne sera bientôt plus question ; parce qu'il a débité ou des erreurs qui sont faites pour l'homme, ou des vérités qui ne sont faites pour personne. Vous faites bien de n'être pas souverain, car vous seriez un mauvais souverain ; vous

---

5. Ulubre est un bourg (et non un peuple) du Latium, auquel Horace a fait allusion (*Epîtres*, I, XI, 30).

employeriez votre autorité à donner de l'importance à des misères. Croyez-moi, le roi de Prusse en savait là-dessus plus que vous lorsqu'il disait d'un auteur de son pays qui le déchirait sans ménagement : « Cet homme voudrait bien que je fisse de lui un martyr ; mais il n'en sera rien. » L'auteur de la critique est un grand seigneur, du moins il plaide la cause des *aïeux* comme s'il en avait. Quoi qu'il en soit nous continuerons à croire qu'il y a bien moins d'inconvénient dans l'illustration qui remonte, que dans l'illustration qui descend ; et je n'en souffrirai pas plus patiemment un faquin titré qui m'insulte parce qu'il est le dernier de sa race, moi qui suis peut-être le premier de la mienne. Je vois tant d'illustres fainéants se déshonorer sur les lauriers de leurs ancêtres, que je fais un peu plus de cas du bourgeois ou du roturier ignoré qui ne se gonfle point du mérite d'autrui.

Je crois connaître l'auteur de l'*Essai*, et pouvoir dire à son critique qu'il n'ambitionne rien, qu'il n'a aucune grâce à solliciter, qu'il n'a jamais approché les grands que par la considération qu'il en a obtenue sans la mendier ; qu'on lui a quelquefois offert des honneurs auxquels il s'est refusé ; que sa fortune est au delà de ses souhaits ; et que lorsqu'il a fait des vœux pour le mérite repoussé, c'est qu'il en avait plusieurs exemples sous ses yeux et qu'il en gémissait. Il a tout le bonheur qu'il ambitionne, l'estime des gens de bien et quelquefois la haine des méchants. Au reste il est bien aise de dire au critique qu'il fait infiniment plus de cas de l'indigence dans son galetas lorsqu'elle est associée à la vertu et aux lumières, que de la tyrannie, de l'avarice, de l'ambition, de la fausseté sur le trône.

C'est le peuple superstitieux qui enchaîne le monarque sur le trône ; c'est le prêtre qui entretient la superstition du peuple ; donc il faut respecter, soutenir le prêtre. Ce raisonneur-ci n'est assurément ni souverain ni philosophe. En qualité de souverain il n'aurait pas prêché le respect pour ses chaînes ; en qualité de philosophe il aurait dit : « C'est la superstition qui aiguise le couteau qui frappe le souverain ; le prêtre a été, est et sera à jamais le fauteur de la superstition ; il importe donc à ma sûreté, à la tranquillité de mes états, à moi, à mes sujets, que le prêtre et la superstition soient détruits. »

Et qui est-ce qui vous dit que le monarque doive le matin décerner un édit qui ordonne le renversement des églises, dans la même journée ? il doit abandonner ces dangereux sujets et leurs absurdes systèmes à la merci des philosophes et mettre la main à l'œuvre quand il en sera temps.

Quelque violence qu'il y ait dans l'*Essai sur les préjugés,* le souverain doit s'en réjouir, sinon ouvertement du moins au dedans de lui-même. Que les théologiens en jettent feu et flamme, cela est dans l'ordre ; que le souverain fasse semblant de joindre sa voix à la leur, cela est encore dans l'ordre ; mais s'en fâcher sérieusement, nous le pouvons dire sans manquer à aucun d'eux, cela serait d'un sot. Et puis après avoir blasphémé la vérité, préconisé l'erreur, calomnié la nature humaine, défendu l'arrogance des gens à écusson, fait l'apologie des prêtres et de la superstition, voici notre critique tout affairé de l'éloge des guerriers. Nous ne ferons sur toute sa tirade qu'une petite observation : c'est qu'on ne se bat pas seul ; c'est qu'il y a quelquefois deux, trois, quatre maîtres bouchers impliqués dans ces effroyables tueries qui coûtent la vie à des millions d'hommes ; et que l'un ne peut être un homme de bien que les autres ne soient des scélérats, et que nous ne serions pas embarrassés de lui citer des exemples de guerre où la justice n'était d'aucuns côtés ; malheur alors aux hommes de génie qui ont eu le malheur de consacrer leurs sublimes talents aux âmes infernales et sanguinaires qui leur confiaient des armées à conduire. S'ils avaient une étincelle d'humanité, ils ont gémi de leur obéissance nécessitée ; ils ont détesté et la cause inique ou frivole, et les monstres qui les armaient ; ils ont versé des larmes sur leurs trophées ; ils ont été bien courageux, s'ils croyaient à un juge au delà de la tombe, et qu'ils soient morts sans frémir. Je ne voudrais pas avoir été la bête féroce qui ordonna le ravage du Palatinat, ni l'esclave honoré qui l'exécuta. O l'indigne mortel qui ose tenter l'apologie de ceux qui dévastent la terre, qui oublient qu'un guerrier juste suppose au moins un adversaire injuste, et qui préconise les âmes basses qui se sont prêtées à des expéditions iniques. Que fait après cela le critique ? l'histoire de la vénalité des charges que nous savons tout aussi bien que lui ; comme si le malheur qui mit à prix le droit de tenir l'urne qui renferme la vie, la fortune, l'honneur et la liberté des citoyens, excusait l'inconvénient ; comme si depuis, ce terrible inconvénient n'avait pu se réparer.

Il ne lui restait plus qu'à tenter l'apologie des financiers, et il n'y manqua pas.

Mais ce qu'il y a de plus plaisant, c'est qu'avec le ton le plus amer, c'est qu'avec l'indécence du tutoiement, les apostrophes les plus méprisantes, les injures les plus dures, cet homme-ci prêche la douceur, la modération, la modestie. Cela n'est que ridicule.

Qu'ai-je donc appris dans ce livret ? Qu'il ne faut nul talent pour relever les fautes d'un auteur ; que l'homme n'est pas fait pour la vérité ni la vérité pour l'homme ; que nous sommes condamnés à l'erreur ; que la superstition a son bon côté ; que les guerres sont une belle chose, etc., etc., et que Dieu nous préserve d'un souverain qui ressemble à cette sorte de philosophe-ci.

1.2.2. Helvétius, *De l'esprit*, III, XVIII.

Je distinguerai d'abord deux espèces de despotisme : l'un qui s'établit tout à coup par la force des armes sur une nation vertueuse, qui le souffre impatiemment. Cette nation est comparable au chêne plié avec effort, et dont l'élasticité brise bientôt les câbles qui le courbaient. La Grèce en fournit mille exemples.

L'autre est fondé par le temps, le luxe et la mollesse. La nation chez laquelle il s'établit est comparable à ce même chêne, qui, peu à peu courbé, perd insensiblement le ressort nécessaire pour se redresser. C'est de cette dernière espèce de despotisme dont il s'agit dans ce chapitre. Chez les peuples soumis à cette forme de gouvernement, les hommes en place ne peuvent avoir aucune idée nette de la justice ; ils sont, à cet égard, plongés dans la plus profonde ignorance. En effet, quelle idée de justice pourrait se former un visir ? Il ignore qu'il est un bien public : sans cette connaissance, cependant, on erre çà et là sans guide ; les idées du juste et de l'injuste, reçues dans la première jeunesse, s'obscurcissent insensiblement, et disparaissent enfin entièrement.

Mais, dira-t-on, qui peut dérober cette connaissance aux visirs ? Et comment, répondrai-je, l'acquerraient-ils dans ces pays despotiques où les citoyens n'ont nulle part au maniement des affaires publiques ; où l'on voit avec chagrin quiconque tourne ses regards sur les malheurs de la patrie ; où l'intérêt mal entendu du sultan se trouve en opposition avec l'intérêt de ses sujets ; où, servir le prince, c'est trahir sa nation ? Pour être juste et vertueux, il faut savoir quels sont les devoirs du prince et des sujets ; étudier les engagements réciproques qui lient ensemble tous les membres de la société. La justice n'est autre chose que la connaissance profonde de ces engagements. Pour s'élever à cette connaissance, il faut penser : or, quel homme ose penser, chez un peuple soumis au pouvoir arbitraire ? La paresse, l'inutilité, l'inhabitude, et même le danger de penser en entraîne bientôt l'impuissance. L'on pense peu dans les pays où l'on tait ses pensées. En vain dirait-on qu'on s'y tait par prudence, pour faire accroire qu'on n'en pense pas moins : il est certain qu'on n'en pense pas plus, et que jamais les idées nobles et courageuses ne s'engendrent dans les têtes soumises au despotisme.

Dans ces gouvernements, l'on n'est jamais animé que de cet esprit d'égoïsme et de vertige qui annonce la destruction des empires. Chacun, tenant les yeux fixés sur son intérêt particulier, ne les détourne jamais sur l'intérêt général. Les peuples n'ont donc, en ces pays, aucune idée ni du bien public, ni des devoirs des citoyens. Les visirs, tirés du corps de cette même nation, n'ont donc, en entrant en place, aucun principe d'administration ni de justice ; c'est donc pour faire leur cour, pour partager la puissance du souverain, et non pour faire le bien, qu'ils recherchent les grandes places.

Mais, en les supposant même animés du désir du bien, pour le faire, il faut s'éclairer : et les visirs, nécessairement emportés par les intrigues du sérail, n'ont pas le loisir de méditer.

D'ailleurs, pour s'éclairer, il faut s'exposer à la fatigue de l'étude et de la méditation : et quel motif les y pourrait engager ? Ils n'y sont pas même excités par la crainte de la censure.

Si l'on peut comparer les petites choses aux grandes, qu'on se représente l'état de la république des lettres. Si l'on en bannissait les critiques, ne sent-on pas qu'affranchi de la crainte salutaire de la censure, qui force maintenant un auteur à soigner, à perfectionner ses talents, ce même auteur ne présenterait plus au public que des ouvrages négligés et imparfaits ? Voilà précisément le cas où se trouvent les visirs ; c'est la raison pour laquelle ils ne donnent aucune attention à l'administration des affaires, et ne doivent, en général, jamais consulter les gens éclairés.

1.2.3. Marat.

◆ Installation du despotisme.

Il n'est point de constitutions politiques où les droits du citoyen soient bien établis, pour ne rien laisser d'arbitraire au gouvernement ; point de constitution où le législateur ait porté la prévoyance jusqu'à couper la racine aux innovations. Or c'est toujours par innover que les princes jettent les fondements de leur inique empire.

Les premières innovations en ont à peine l'apparence : ce n'est point en frappant, c'est en minant le temple de la liberté, qu'on travaille à le renverser. On commence par porter de sourdes atteintes aux droits des citoyens, rarement de manière à faire une sensation bien forte, et toujours on a soin de ne pas annoncer ces atteintes par des démarches d'éclat.

S'il faut les consigner dans les actes de l'autorité publique ; pour qu'elles se fassent moins sentir, on a soin de cacher ce qu'elles ont d'odieux, en altérant les faits et en donnant de beaux noms aux actions les plus criminelles.

Souvent on débute par proposer quelques légères réformes qui n'indiquent rien que de convenable. On les énonce par des propositions générales, assez plausibles au premier coup d'œil, et cachant des conséquences qu'on n'aperçoit pas d'abord, mais dont on ne tarde pas à se prévaloir, et dont on tire des avantages prévus. Ou bien on ajoute à la fin quelque article, qui détruit ce que les premiers offrent d'avantageux, et qui ne laisse subsister que ce qu'ils contiennent de funeste.

Quelquefois pour attenter à la liberté, le prince attend le moment d'une crise alarmante qu'il a préparée : alors sous prétexte de pourvoir au salut de l'Etat, il propose des expédients désastreux qu'il couvre du voile de la nécessité, de l'urgence des circonstances, du malheur des temps ; il vante la pureté de ses intentions, il fait sonner les grands mots d'amour du bien public, il affiche les soins de son amour paternel. Si on hésite d'adhérer à sa proposition, il s'écrie : *Quoi! vous ne voulez pas, tirez-vous donc seuls de l'abîme!* Personne n'a la force de faire résistance, et chacun se laisse aller : quoiqu'il ne doute point que ces expédients cachent, sous de beaux dehors, des desseins sinistres. Le piège se découvre-t-il, c'est lorsqu'il n'est plus temps de l'éviter : alors le peuple, semblable au lion qui tombe dans les filets cachés sous la feuillée, se débat pour les rompre et ne fait que s'enlacer toujours plus (*Les Chaînes de l'esclavage.*)

◆ Les moyens du despotisme.

● Contrôle de l'opinion.

Fermer la bouche aux mécontents, c'est bien empêcher que le peuple ne se réveille de sa léthargie, et c'est à quoi s'attachent ceux qui veulent l'opprimer. Mais le point principal est d'ôter les moyens que l'incendie ne devienne général, en s'opposant à la correspondance des parties de l'Etat. Aussi les princes ont-ils grand soin de gêner la liberté de la presse.

Trop timides pour l'attaquer d'abord ouvertement, ils attendent que les citoyens en fournissent un prétexte plausible : et dès qu'il s'offre, ils ne manquent jamais de le saisir.

Un livre contient-il quelques réflexions lumineuses sur les droits des peuples, quelques pensées libres sur les bornes de la puissance des rois, quelque trait saillant contre la tyrannie, quelque image frappante des douceurs de la liberté qu'ils cherchent à faire oublier : à l'instant ils le proscrivent comme renfermant des maximes contre la religion et les bonnes mœurs.

Ils s'élèvent contre tout écrit capable de maintenir l'esprit de liberté, ils baptisent du nom de libelle tout ouvrage où l'on entreprend de dévoiler les ténébreux mystères du gouvernement ; et sous prétexte de réprimer la licence, ils étouffent la liberté en sévissant contre les auteurs.

Ils font plus : pour maintenir les peuples dans l'ignorance et ne laisser aucune porte ouverte aux vérités utiles, ils établissent des inspecteurs de la presse, des réviseurs, des censeurs de tout genre — vils argus qui veillent sans cesse pour le despotisme contre la liberté.

Paraît-il dans l'étranger quelque écrit contre la tyrannie ? Ils en font supprimer l'édition par leurs ministres, et ils ne laissent exposer en vente dans leurs Etats aucun livre qui n'ait été examiné par leurs créatures. (*Ibid.*).

● La religion.

Toutes les religions prêtent la main au despotisme[6] ; je n'en connais aucune toutefois qui le favorise autant que la chrétienne.

Loin d'être liée au système politique d'aucun gouvernement, elle n'a rien d'exclusif, rien de local, rien de propre à tel pays plutôt qu'à tel autre ; elle embrasse également tous les hommes dans sa charité ; elle lève la barrière qui sépare les nations et réunit tous les chrétiens en un peuple de frères. Tel est le véritable esprit de l'Evangile.

La liberté tient à l'amour de la patrie ; mais le règne des chrétiens n'est pas de ce monde ; leur patrie est dans le

---

6. Si la religion influait sur le prince comme sur les sujets, cet esprit de charité que prêche le christianisme adoucirait sans doute l'exercice de la puissance : mais si l'on considère que les leçons de l'Evangile ne peuvent point germer dans des cœurs livrés à la dissipation et aux plaisirs ; si l'on considère que ses préceptes ne peuvent point tenir contre de pernicieuses maximes sans cesse rebattues, contre de mauvais exemples sans cesse sous les yeux, contre de fortes tentations toujours nouvelles ; on sentira que le frein de la religion n'est point fait pour ceux qui vivent à la cour.

On a cependant vu des princes religieux, dira quelqu'un : oui, des princes dévots, hypocrites, fanatiques ou superstitieux ; encore n'était-ce que des hommes dont les jeunes ans s'étaient écoulés sous la conduite des prêtres ; des hommes qui, par tempérament, n'avaient point de passions ; des hommes qu'un cœur usé par les plaisirs, ou ramené par l'âge à la timidité de l'enfance, rendait crédules ; des hommes enfin qui, séparant la morale du dogme, à l'exemple des pharisiens, ne prenaient, dans la religion, que ce qui ne gênait point leurs inclinations vicieuses. (*Note de Marat.*)

ciel; et pour eux cette terre n'est qu'un lieu de pèlerinage. Or, comment des hommes qui ne soupirent qu'après les choses d'en haut prendraient-ils à cœur les choses d'ici-bas ?

Les établissements humains sont tous fondés sur les passions humaines, et ils ne se soutiennent que par elles : l'amour de la liberté est attaché à celui du bien-être, à celui des biens temporels ; mais le christianisme ne nous inspire que de l'éloignement pour ces biens et ne s'occupe qu'à combattre ces passions. Tout occupé d'une autre patrie, on ne l'est guère de celle-ci.

Pour se conserver libres, il faut avoir sans cesse les yeux ouverts sur le gouvernement; il faut épier ses démarches, s'opposer à ses attentats, réprimer ses écarts. Comment des hommes à qui la religion défend d'être soupçonneux pourraient-ils être défiants ? Comment pourraient-ils arrêter les sourdes menées des traîtres qui se glissent au milieu d'eux ? Comment pourraient-ils les découvrir ? Comment pourraient-ils même s'en douter ? Sans défiance, sans crainte, sans artifice, sans colère, sans désir de vengeance, un vrai chrétien est à la discrétion du premier venu. L'esprit du christianisme est un esprit de paix, de douceur, de charité, ses disciples en sont tous animés, même pour leurs ennemis. *Quand on les frappe sur une joue, ils doivent présenter l'autre. Quand on leur ôte la robe, ils doivent encore donner le manteau. Quand on les contraint de marcher une lieue, ils doivent en marcher deux.* Quand on les persécute, ils doivent bénir leurs persécuteurs. Qu'auraient-ils à opposer à leurs tyrans ? Il ne leur est pas permis de défendre leur propre vie. Toujours résignés, ils souffrent en silence, tendent les mains au ciel, s'humilient sous la main qui les frappe et prient pour leurs bourreaux. La patience, les prières, les bénédictions sont leurs armes; et quoi qu'on leur fasse, jamais ils ne s'abaissent à la vengeance : comment donc s'armeraient-ils contre ceux qui troublent la paix de l'État ? comment repousseraient-ils par la force leurs oppresseurs ? comment combattraient-ils les ennemis de la liberté ? comment payeraient-ils de leur sang ce qu'ils doivent à la patrie!... (*Ibid.*)

◆ Equivoques et faiblesses du despotisme : Catherine II.

MOI

Mais que direz-vous des soins qu'elle [Catherine II] prend de faire fleurir dans ses Etats le commerce, les arts, les sciences; de civiliser ses peuples, de les éclairer et de leur procurer l'abondance, après leur avoir rendu la liberté? Ses vues ne sont-elles pas grandes, et ses talents bien proportionnés à sa place?

LUI

Il est vrai que, par une suite de la vanité et de l'instinct imitatif naturel à son sexe, elle a fait quelques petites entreprises, mais qui ne sont d'aucune conséquence pour la félicité publique.

Par exemple, elle a établi une école de littérature française pour une centaine de jeunes gens qui tiennent à la cour; mais a-t-elle établi des écoles publiques où l'on enseigne la crainte des dieux, les droits de l'humanité, l'amour de la patrie?

Elle a encouragé quelques arts de luxe et un peu animé le commerce : mais a-t-elle aboli les impôts onéreux et laissé aux laboureurs les moyens de mieux cultiver leurs terres? Loin d'avoir cherché à enrichir ses Etats, elle n'a travaillé qu'à les ruiner en dépeuplant la campagne de cultivateurs par des enrôlements forcés, et en arrachant à ceux qui restaient les minces fruits de leur travail pour des desseins pleins de faste et d'ambition.

Elle a fait fondre un nouveau code; mais a-t-elle songé à faire triompher les lois? N'est-elle pas toujours toute-puissante contre elles? Et ce nouveau code, est-il même fondé sur l'équité? La peine y est-elle proportionnée à l'offense? Des supplices affreux n'y sont-ils pas toujours la punition des moindres fautes? A-t-elle fait des règlements pour épurer les mœurs, prévenir les crimes, protéger le faible contre le fort? A-t-elle établi des tribunaux pour faire observer les lois et défendre les particuliers contre les attentats du gouvernement?

Elle a affranchi ses sujets du joug des nobles; mais ce n'est que pour augmenter son propre empire. Ne sont-ils pas toujours ses esclaves? Ne les pousse-t-elle pas toujours par la terreur? Ne leur empêche-t-elle pas toujours de respirer librement? Le glaive n'est-il pas toujours levé sur la tête des indiscrets? Au lieu de servir par sa sagesse à la félicité de ses peuples, ne les fait-elle pas toujours servir, par leur misère, à sa cupidité et à son orgueil? Sont-ce donc là ces hauts faits, ces actions héroïques qu'il faut admirer en extase?

Vous parliez de ses talents : ils sont assortis à ses vertus. Si elle avait quelque génie, elle aurait jeté un coup d'œil sur ses vastes Etats; et sans s'amuser ainsi puérilement à faire de petites réformes pour tirer parti des stériles provinces du Nord, qu'il faudrait abandonner, elle aurait travaillé à faire valoir les riches provinces du Sud, si longtemps couvertes de ronces et d'épines. A la place d'un pays ingrat, sous un ciel de fer, sans cesse battu des noirs aquilons, et peuplé de tristes, de misérables, de stupides habitants, elle aurait, sous un ciel doux, de belles régions couvertes de fleurs et de fruits, et habitées par des peuples gais, riches, intelligents. La nature lui ouvrirait de nouvelles sources de puissance et de richesse. Elle serait le créateur d'un nouveau peuple au lieu d'être le tyran de ses anciens sujets.

Je n'aime point, continua-t-il, à me livrer à une critique présomptueuse; mais je n'aime pas non plus entendre des éloges déplacés.

On la flatte, on fait semblant de l'adorer, on tremble au moindre de ses regards; voilà ses privilèges : voici ses titres à l'estime publique : un désir sans bornes d'être encensée. Allez, allez, elle-même s'est rendu justice : sans attendre que le public fixe sa renommée, elle tient à sa solde des plumes mercenaires pour chanter ses louanges. (*Les Aventures du jeune comte Potowsky ou l'Imposture du despotisme éclairé.*)

◆ La Pologne.

LUI

Dans l'état d'anarchie où vous vivez, comment ne seriez-vous pas la victime les uns des autres, ou la proie de vos voisins ?

Votre gouvernement est le plus mauvais qui puisse exister. Je ne vous dirai rien de ce qu'il a de révoltant. Vous sentez comme moi, si vous n'avez pas renoncé au bon sens, combien il est cruel que le travail, la misère et la faim soient le partage de la multitude; l'abondance et les délices, celui du petit nombre.

Vous sentez aussi combien sont monstrueuses ces lois qui, pour l'avantage d'une poignée de particuliers, privent tant de millions d'hommes du droit naturel d'être libres, et mettent leur vie à prix. Je laisse ce côté honteux de votre constitution pour n'examiner que son côté faible.

En saine politique, la force d'un Etat ne consiste que dans la situation du pays, la richesse du sol et le nombre de ses habitants, hommes libres. La nature vous a assez bien partagés; mais comme le gros de la nation chez vous est privé du précieux avantage de la liberté, tous les autres sont comme nuls.

En Pologne, il n'y a que des tyrans et des esclaves; la patrie n'a donc point d'enfants pour la défendre.

On n'est porté au travail qu'autant qu'on peut en recueillir les fruits. Chez vous, où les paysans sont dépouillés de toute propriété, le cultivateur ira-t-il s'appliquer à féconder la terre pour le maître insolent qui l'opprime ? Le seul bien dont il jouisse, c'est l'oisiveté ; il se livre donc à la paresse et ne travaille qu'avec répugnance. Ainsi, quelque fertile que soit le sol, le rapport doit en être très petit.

Il n'y a que des corps bien nourris qui soient propres à multiplier l'espèce. Comment la Pologne, où le peuple manque du nécessaire, ne serait-elle pas dépeuplée ?

Ce n'est qu'au sein de la liberté et de l'aisance que les talents peuvent se développer. En Pologne, les hommes doivent donc être généralement ignares et stupides. Les sciences, les arts, le commerce n'y sauraient donc fleurir.

◆ Nécessité de lutter contre le despotisme.

Le peuple ne prévoit jamais les maux qu'on lui prépare. On a beau rendre ses droits illusoires, miner les fondements de sa liberté, il n'aperçoit son malheur que lorsqu'il le sent, lorsqu'il entend retentir à ses oreilles les noms des proscrits, lorsqu'il voit ruisseler le sang des citoyens, qu'accablé sous le joug, il attend plein d'effroi l'arrêt du sort qu'on lui réserve.

Pour rester libre, il faut être sans cesse en garde contre ceux qui gouvernent : rien de plus aisé que de perdre celui qui est sans défiance ; et la trop grande sécurité des peuples est toujours l'avant-coureur de leur servitude.

Mais comme une attention continuelle sur les affaires publiques est au-dessus de la portée de la multitude, trop occupée d'ailleurs de ses propres affaires ; il importe qu'il y ait dans l'Etat des hommes qui tiennent sans cesse leurs yeux ouverts sur le cabinet, qui suivent les menées du gouvernement, qui dévoilent ses projets ambitieux, qui sonnent l'alarme aux approches de la tempête, qui réveillent la nation de sa léthargie, qui lui découvrent l'abîme qu'on creuse sous ses pas, et qui s'empressent de noter celui sur qui doit tomber l'indignation publique. Aussi, le plus grand malheur qui puisse arriver à un Etat libre, où le prince est puissant et entreprenant, c'est qu'il n'y ait ni discussions publiques, ni effervescence, ni partis. Tout est perdu, quand le peuple devient de sang-froid, et que sans s'inquiéter de la conservation de ses droits, il ne prend plus de part aux affaires : au lieu qu'on voit la liberté sortir sans cesse des feux de la sédition. (*Les Chaînes de l'esclavage.*)

2. LA THÉORIE DES CLIMATS

2.1. LA THÉORIE DES CLIMATS AU XVIIIᵉ SIÈCLE

Si la théorie des climats s'attache trop volontiers au nom du seul Montesquieu, il convient de voir qu'il est loin d'en être l'unique adepte, encore moins l'inventeur.

Hippocrate l'a esquissée. Au XVIᵉ siècle, Bodin considère que l'influence des climats sur les mœurs est réelle, mais échappe à toute analyse.

Au XVIIIᵉ siècle, bien avant Montesquieu, on affirme les effets physiques du climat, sur la couleur de la peau par exemple, mais aussi son rapport avec les mœurs et les coutumes : l'humeur « hypocondriaque » des Anglais est volontiers attribuée à leur climat « humide et nébuleux » ; quand Boulainvilliers publie sous le titre d'*Etat de la France* (1727) un compte rendu des rapports rédigés en 1697 par les intendants, on y voit le caractère d'à peu près chaque province mis en rapport avec les causes physiques, comme le climat et la nature du sol.

Des théories s'échafaudent au-dessus de ces intuitions fragmentaires. Pour l'abbé de Saint-Pierre, les habitants des pays froids sont plus travailleurs, ceux des pays chauds plus paresseux. En 1748 paraît à Avignon la *Psycanthropie ou Nouvelle Théorie de l'homme,* où Falconet de la Bellonie résout, entre autres, un « problème fisicomoral » pour établir que la supériorité de la France sur les autres nations s'explique par sa situation médiane entre la Laponie et l'Afrique. Plus sérieux est l'abbé d'Espiard, qui écrit dans l'*Esprit des nations* (1752) : « Le climat est, de toutes les causes, la plus universelle, la plus puissante » ; il distingue des zones de 30 degrés de latitude, mais souligne que bien d'autres facteurs physiques interviennent : « Pour fonder d'exactes applications sur le climat, il ne faut pas s'arrêter à l'estimation seule des terres, à leur fertilité, à la seule ressemblance dans la température de l'air et la production des fruits essentiels. Il est nécessaire d'en venir à l'analyse exacte de la nature, en partageant une région par ses divisions, en remarquant avec soin la formation des minéraux et des végétaux, la nature et le retour des vents, la situation des terrains qui se diversifie à l'infini, la qualité des eaux, celle des aliments qui croissent dans le pays, ou qu'on y apporte, toujours altérés et déchus des qualités du sol. » Il donne la préférence au Midi, où la qualité du climat s'accorde selon lui avec « celle des humeurs naturelles », tandis que les gens du Nord doivent constamment chercher des remèdes (physiques : boissons, voyages, etc. ; politiques : « police ingénieuse et savante qui procure l'abondance que la nature a refusée » ; économiques : le commerce ; militaires : la guerre) au conflit entre leur climat et leurs humeurs : « Le climat de l'ancienne Italie était peut-être le plus parfait, le plus tempéré qui fût jamais. »

Une place particulière à l'abbé Dubos : dans ses *Réflexions critiques sur la poésie et la peinture* (1719), il élabore une théorie où il affirme la supériorité esthétique du sentiment sur la raison et montre combien celui-ci (et, par voie de conséquence, l'art) est dépendant du climat.

Ainsi se répand l'idée d'un déterminisme de l'esprit par des causes physiques. Elle rencontre des oppositions : Hume en 1748 (*Des caractères généraux*) présente neuf arguments pour prouver que « les causes physiques n'ont pas d'action discernable sur l'esprit humain ». Mais aussi des savants cherchent à découvrir les voies que peut emprunter cette influence. Cette recherche va de pair avec l'étude de l'air, mise au premier plan des préoccupations scientifiques par la fréquence et la gravité des épidémies vers 1730.

L'académie de Bordeaux ouvre en 1733 un concours sur « l'explication la plus probable de la nature de l'air et de ses propriétés ». Mais le principal fruit de toutes ces recherches est peut-être l'ouvrage d'un médecin anglais, John Arbuthnot, *Essai sur les effets de l'air dans le corps humain*. Arbuthnot était comme Montesquieu membre de l'Académie royale de Londres et ami de lord Chesterfield ; son livre fut publié en 1733, traduit en français en 1742 et certainement connu de Montesquieu. Arbuthnot explique que l'air agit sur l'organisme et l'esprit par trois éléments :

— la densité : tandis que le Nord connaît des altérations de pression continuelles, l'atmosphère du Midi est de densité constante ;

— la chaleur : elle « allonge et relâche les fibres ; de là l'abattement et la faiblesse qu'on sent dans les jours chauds » ; le froid les resserre, ce qui favorise la force et l'activité ;

— l'humidité : elle entraîne le relâchement des fibres.

Ainsi les Nordiques, au milieu des variations de pression, de température et d'humidité, connaissent « une plus grande variété dans le mouvement oscillatoire des fibres » ; d'où, sur le plan moral, « une inégalité proportionnelle dans leurs passions et, de là, plus d'activité et de courage ». Au Midi, seule l'humidité varie ; donc les mouvements des fibres sont plus uniformes, ceux des esprits aussi : « Ils [les habitants] pourront être, par cette raison et les chaleurs excessives, paresseux et indolents. »

2.2. LA DÉFENSE DE « L'ESPRIT DES LOIS »
(Texte en orthographe originale.)

2.2.1. Idée générale.

J'ai absous le livre de *l'Esprit des lois* de deux reproches généraux dont on l'avoit chargé ; il y a encore des imputations particulières auxquelles il faut que je réponde. Mais pour donner un plus grand jour à ce que j'ai dit, et à ce que je dirai dans la suite, je vais expliquer ce qui a donné lieu, ou a servi de prétexte aux invectives.

Les gens les plus sensés de divers pays de l'Europe, les hommes les plus éclairés et les plus sages, ont regardé le livre de *l'Esprit des lois* comme un ouvrage utile : ils ont pensé que la morale en étoit pure, les principes justes, qu'il étoit propre à former d'honnêtes gens, qu'on y détruisoit les opinions pernicieuses, qu'on y encourageoit les bonnes.

D'un autre côté, voilà un homme qui en parle comme d'un livre dangereux ; il en a fait le sujet des invectives les plus outrées. Il faut que j'explique ceci.

Bien loin d'avoir entendu les endroits particuliers qu'il critiquoit dans ce livre, il n'a pas seulement su qu'elle étoit la matière qui y étoit traitée : ainsi, déclamant en l'air, et combattant contre le vent, il a remporté des triomphes de même espèce : il a bien critiqué le livre qu'il avoit dans la tête, il n'a pas critiqué celui de l'auteur. Mais comment a-t-on pu manquer ainsi le sujet et le but d'un ouvrage qu'on avoit devant les yeux ? Ceux qui auront quelques lumières verront du premier coup d'œil que cet ouvrage a pour objet les lois, les coutumes et les divers usages de tous les peuples de la terre. On peut dire que le sujet en est immense, puisqu'il embrasse toutes les institutions qui sont reçues parmi les hommes ; puisque l'auteur distingue ces institutions ; qu'il examine celles qui conviennent le plus à la société, et à chaque société ; qu'il en cherche l'origine ; qu'il en découvre les causes physiques et morales ; qu'il examine celles qui ont un degré de bonté par elles-mêmes, et celles qui n'en ont aucun ; que de deux pratiques pernicieuses, il cherche celle qui l'est plus et celle qui l'est moins ; qu'il y discute celles qui peuvent avoir de bons effets à un certain égard, et de mauvais dans un autre. Il a cru ses recherches utiles, parce que le bon sens consiste beaucoup à connoître les nuances des choses. Or, dans un sujet aussi étendu, il a été nécessaire de traiter de la religion : car, y ayant sur la terre une religion vraie et une infinité de fausses, une religion envoyée du ciel et une infinité d'autres qui sont nées sur la terre, il n'a pu regarder toutes les religions fausses que comme des institutions humaines : ainsi il a dû les examiner comme toutes les autres institutions humaines. Et, quand à la religion chrétienne, il n'a eu qu'à l'adorer, comme étant une institution divine. Ce n'étoit point de cette religion qu'il devoit traiter ; parce que, par sa nature, elle n'est sujette à aucun examen : de sorte que, quand il en a parlé, il ne l'a jamais fait pour la faire entrer dans le plan de son ouvrage, mais pour lui payer le tribut de respect et d'amour qui lui est dû par tout chrétien ; et, pour que, dans les comparaisons qu'il en pouvoit faire avec les autres, il pût la faire triompher de toutes.

Ce que je dis se voit dans tout l'ouvrage ; mais l'auteur l'a particulièrement expliqué au commencement du livre vingt-quatrième, qui est le premier des deux livres qu'il a faits sur la religion. Il le commence ainsi : « Comme on peut juger parmi les ténèbres celles qui sont les moins épaisses, et parmi les abîmes ceux qui sont les moins profonds ; ainsi l'on peut chercher entre les religions fausses celles qui sont les plus conformes au bien de la société, celles qui, quoiqu'elles n'aient pas l'effet de mener les hommes aux félicités de l'autre vie, peuvent le plus contribuer à leur bonheur dans celle-ci.

« Je n'examinerai donc les diverses religions du monde que par rapport au bien que l'on en tire dans l'État civil, soit que je parle de celle qui a sa racine dans le ciel, ou bien de celles qui ont la leur sur la terre. »

L'auteur ne regardant donc les religions humaines que comme des institutions humaines, a dû en parler, parce qu'elles entroient nécessairement dans son plan. Il n'a point été les chercher, mais elles sont venues le chercher. Et, quant à la religion chrétienne, il n'en a parlé que par occasion ; parce que, par sa nature, ne pouvant être modifiée, mitigée, corrigée, elle n'entroit point dans le plan qu'il s'étoit proposé.

Qu'a-t-on fait pour donner une ample carrière aux déclamations, et ouvrir la porte la plus large aux invectives ? On a considéré l'auteur comme si, à l'exemple de M. Abbadie, il avoit voulu faire un Traité sur la religion chrétienne : on l'a attaqué comme si ses deux livres sur la religion étoient deux Traités de théologie chrétienne : on l'a repris comme si, parlant d'une religion quelconque, qui n'est pas la chrétienne, il avoit eu à l'examiner selon les principes et les dogmes de la religion chrétienne : on l'a jugé comme s'il s'étoit chargé, dans ses deux livres, d'établir pour les chrétiens, et de prêcher aux mahométans et aux idolâtres les dogmes de la religion chrétienne. Toutes les fois qu'il a parlé de la religion en général, toutes les fois qu'il a employé le mot de religion, on a dit : « C'est la religion chrétienne. » Toutes les fois qu'il a comparé les pratiques religieuses de quelques nations quelconques, et qu'il a dit qu'elles étoient plus conformes au gouvernement politique de ce pays que telle autre pratique, on a dit : « Vous les approuvez donc, et vous abandonnez la foi chrétienne. » Lorsqu'il a parlé de quelque peuple qui n'a point embrassé le christianisme, ou qui a précédé la venue de Jésus-Christ, on lui a dit : « Vous ne reconnoissez donc pas la morale chrétienne. » Quand il a examiné en écrivain politique quelque pratique que ce soit, on lui a dit : « C'étoit tel dogme de théologie chrétienne que vous deviez mettre là. Vous dites que vous êtes jurisconsulte ; et je vous ferai théologien malgré vous. Vous nous donnez d'ailleurs de très belles choses sur la religion chrétienne, mais c'est pour vous cacher que vous les dites ; car je connois votre cœur, et je lis dans vos pensées. Il est vrai que je n'entends point votre livre ; il n'importe pas que j'aie démêlé bien ou mal l'objet dans lequel il a été écrit ; mais je connois au fond toutes vos pensées. Je ne sais pas un mot de ce que vous dites ; mais j'entends très bien ce que vous ne dites pas. » Entrons à présent en matière.

2.2.2. Climat.

Ce que l'auteur a dit sur le climat, est encore une matière très propre pour la rhétorique. Mais tous les effets quelconques ont des causes : le climat et les autres causes physiques produisent un nombre infini d'effets. Si l'auteur avoit dit le contraire, on l'auroit regardé comme un homme stupide. Toute la question se réduit à savoir si dans des pays éloignés entre eux, si sous des climats différents, il y a des caractères d'esprit nationaux. Or, qu'il y ait de telles différences, cela est établi par l'universalité presque entière des livres qui ont été écrits. Et, comme le caractère de l'esprit influe beaucoup dans la disposition du cœur, on ne sauroit encore douter qu'il n'y ait de certaines qualités du cœur plus fréquentes dans un pays que dans un autre ; et l'on a encore pour preuve un nombre infini d'écrivains de tous les lieux et de tous les temps. Comme ces choses sont humaines, l'auteur en a parlé d'une façon humaine. Il auroit pu joindre là bien des questions que l'on agite dans les écoles sur les vertus humaines et sur les vertus chrétiennes ; mais ce n'est point avec ces questions que l'on fait des livres de physique, de politique et de jurisprudence. En un mot, ce physique du climat peut produire diverses dispositions dans les esprits ; ces dispositions peuvent influer sur les actions humaines : cela choque-t-il l'empire de Celui qui a créé, ou les mérites de Celui qui a racheté ?

Si l'auteur a recherché ce que les magistrats de divers pays pouvoient faire pour conduire leur nation de la manière la plus convenable et la plus conforme à son caractère, quel mal a-t-il fait en cela ?

On raisonnera de même à l'égard de diverses pratiques locales de religion. L'auteur n'avoit à les considérer ni comme bonnes, ni comme mauvaises : il a dit seulement qu'il y avoit des climats où de certaines pratiques de religion étoient plus aisées à recevoir, c'est-à-dire, étoient plus aisées à pratiquer par les peuples de ces climats que par les peuples d'un autre. De ceci il est inutile de donner des exemples. Il y en a cent mille.

Je sais bien que la religion est indépendante par elle-même de tout effet physique quelconque ; que celle qui est bonne dans un pays est bonne dans un autre, et qu'elle ne peut être mauvaise dans un pays sans l'être dans tous ; mais je dis que, comme elle est pratiquée par les hommes et pour les hommes, il y a des lieux où une religion quelconque trouve plus de facilité à être pratiquée, soit en tout, soit en partie, dans de certains pays que dans d'autres : et, dès que quelqu'un dira le contraire, il renoncera au bon sens.

L'auteur a remarqué que le climat des Indes produisoit une certaine douceur dans les mœurs ; mais, dit le critique, les femmes s'y brûlent à la mort de leur mari. Il n'y a guère de philosophie dans cette objection. Le critique ignore-t-il les contradictions de l'esprit humain, et comment il sait séparer les choses les plus unies, et unir celles qui sont les plus séparées ? Voyez là-dessus les réflexions de l'auteur, au chapitre III du livre XIV.

2.2.3. L'Esprit des lois (XIV, 3).

CONTRADICTION DANS LES CARACTÈRES DE CERTAINS PEUPLES DU MIDI

Les Indiens[7] sont naturellement sans courage ; les enfants[8] même des Européens nés aux Indes perdent celui de leur climat. Mais comment accorder cela avec leurs actions atroces, leurs coutumes, leurs pénitences barbares ? Les hommes s'y soumettent à des maux incroyables, les femmes s'y brûlent elles-mêmes : voilà bien de la force pour tant de foiblesse.

La nature, qui a donné à ces peuples une foiblesse qui les rend timides, leur a donné aussi une imagination si vive que tout les frappe à l'excès. Cette même délicatesse d'organes qui leur fait craindre la mort, sert aussi à leur faire redouter mille choses plus que la mort. C'est la même sensibilité qui leur fait fuir tous les périls, et les leur fait tous braver.

Comme une bonne éducation est plus nécessaire aux enfants qu'à ceux dont l'esprit est dans sa maturité, de même les peuples de ces climats ont plus besoin d'un législateur sage que les peuples du nôtre. Plus on est aisément et fortement frappé, plus il importe de l'être d'une manière convenable, de ne recevoir pas des préjugés, et d'être conduit par la raison.

Du temps des Romains, les peuples du nord de l'Europe vivoient sans arts, sans éducation, presque sans lois; et cependant, par le seul bon sens attaché aux fibres grossières de ces climats, ils se maintinrent avec une sagesse admirable contre la puissance romaine, jusqu'au moment où ils sortirent de leurs forêts pour la détruire.

---

7. « Cent soldats d'Europe, dit Tavernier, n'auroient pas grand peine à battre mille soldats indiens. » [*Note de Montesquieu.*]

8. Les Persans même qui s'établissent aux Indes, prennent, à la troisième génération, la nonchalance et la lâcheté indienne. Voyez Bernier, *Sur le Mogol*, t. I, p. 282. [*Note de Montesquieu.*]

TABLE DES MATIÈRES

Mame Imprimeurs - 37000 Tours.
Dépôt légal Août 1971. — Nº 12828. — Nº de série Éditeur 13806.
IMPRIMÉ EN FRANCE *(Printed in France)*. — 870 116 F Juin 1987.